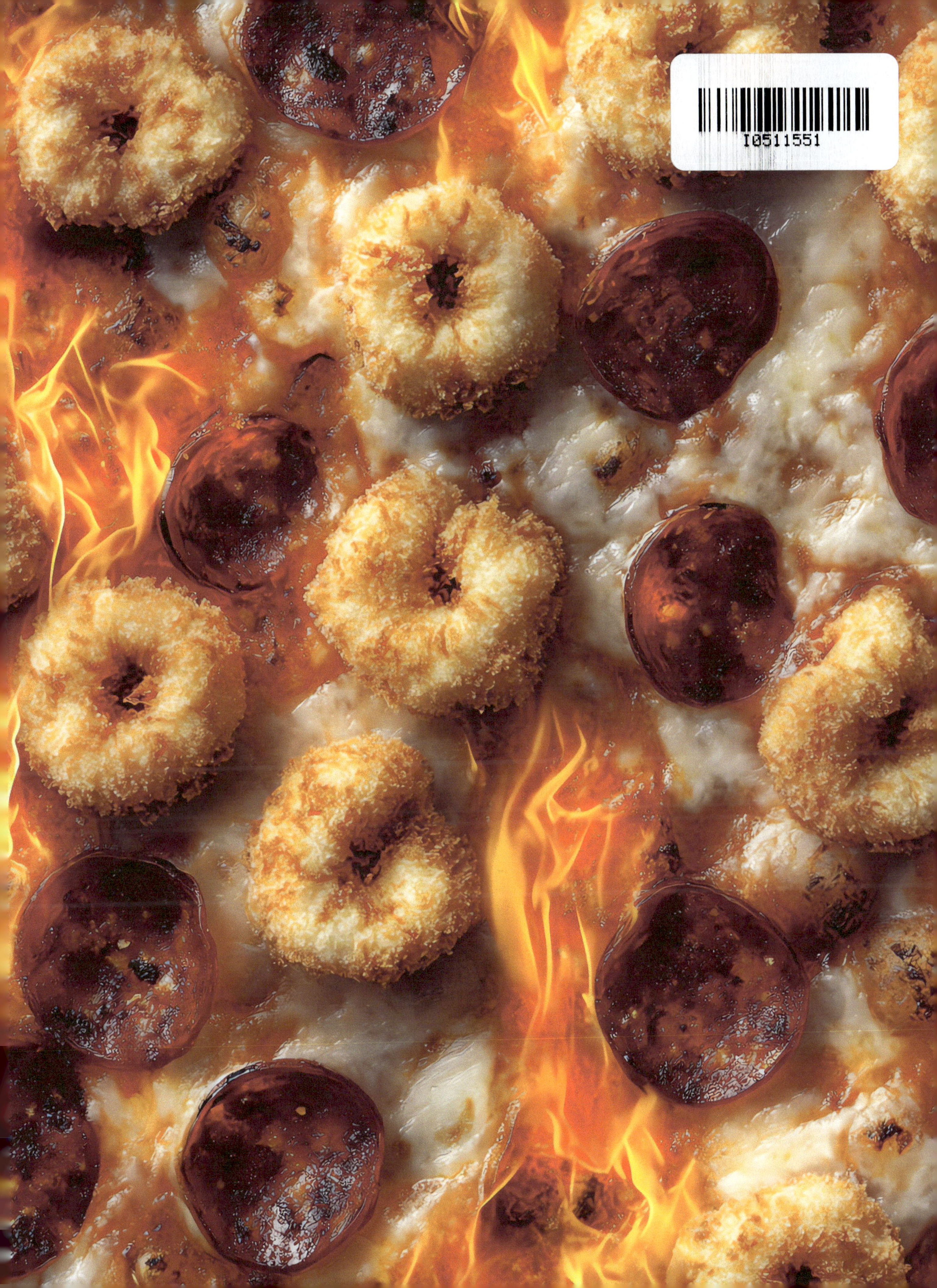

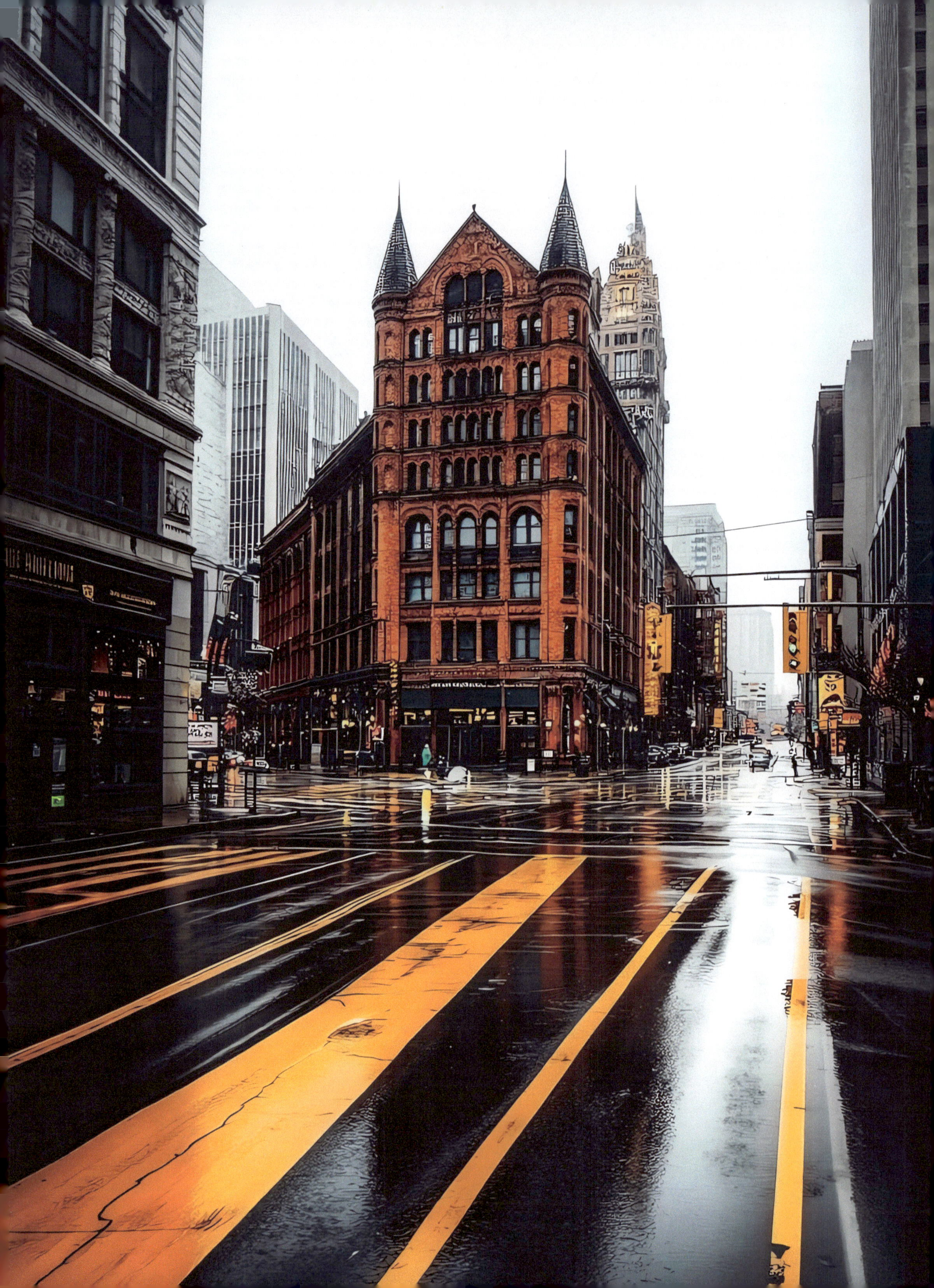

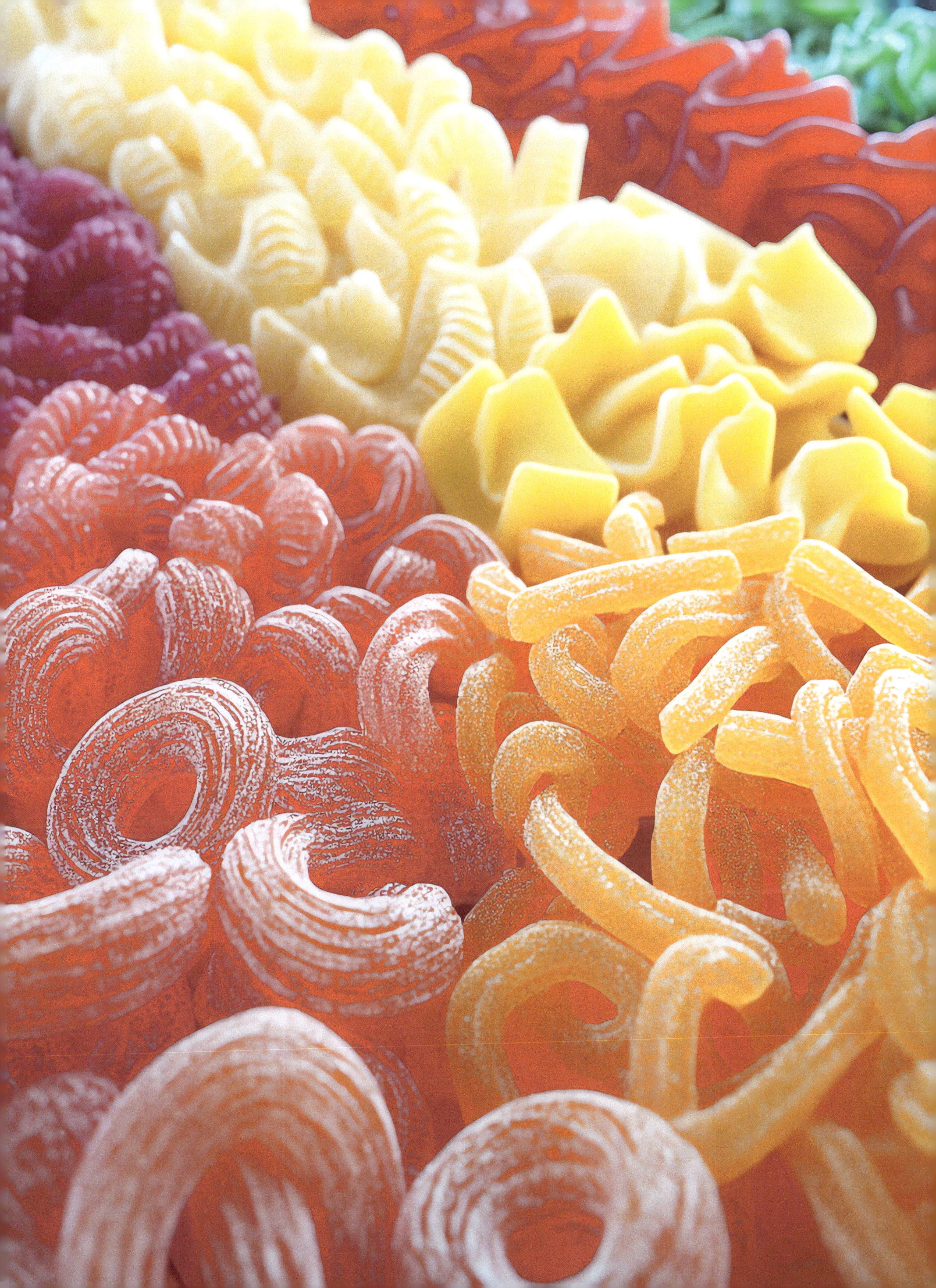

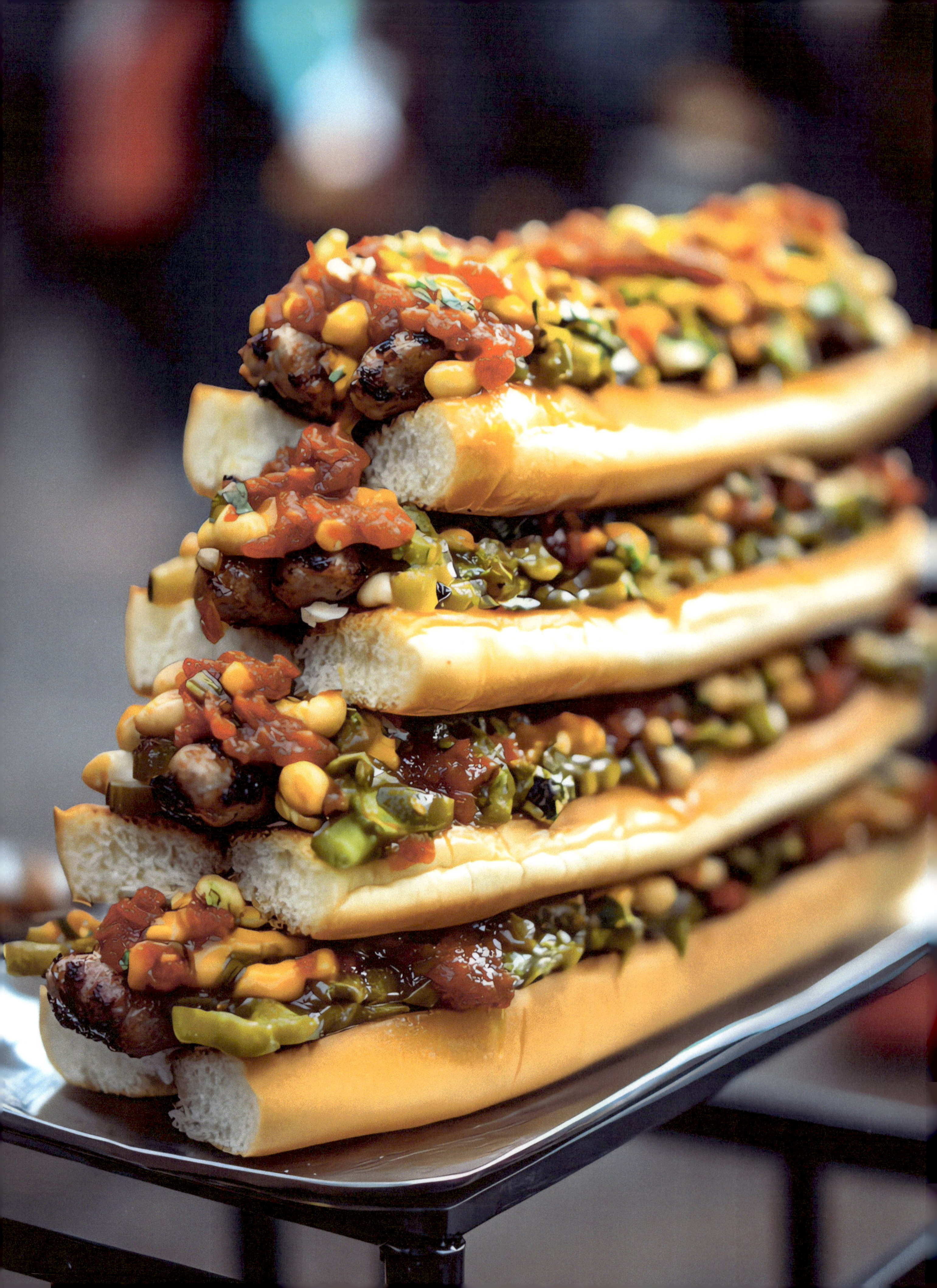

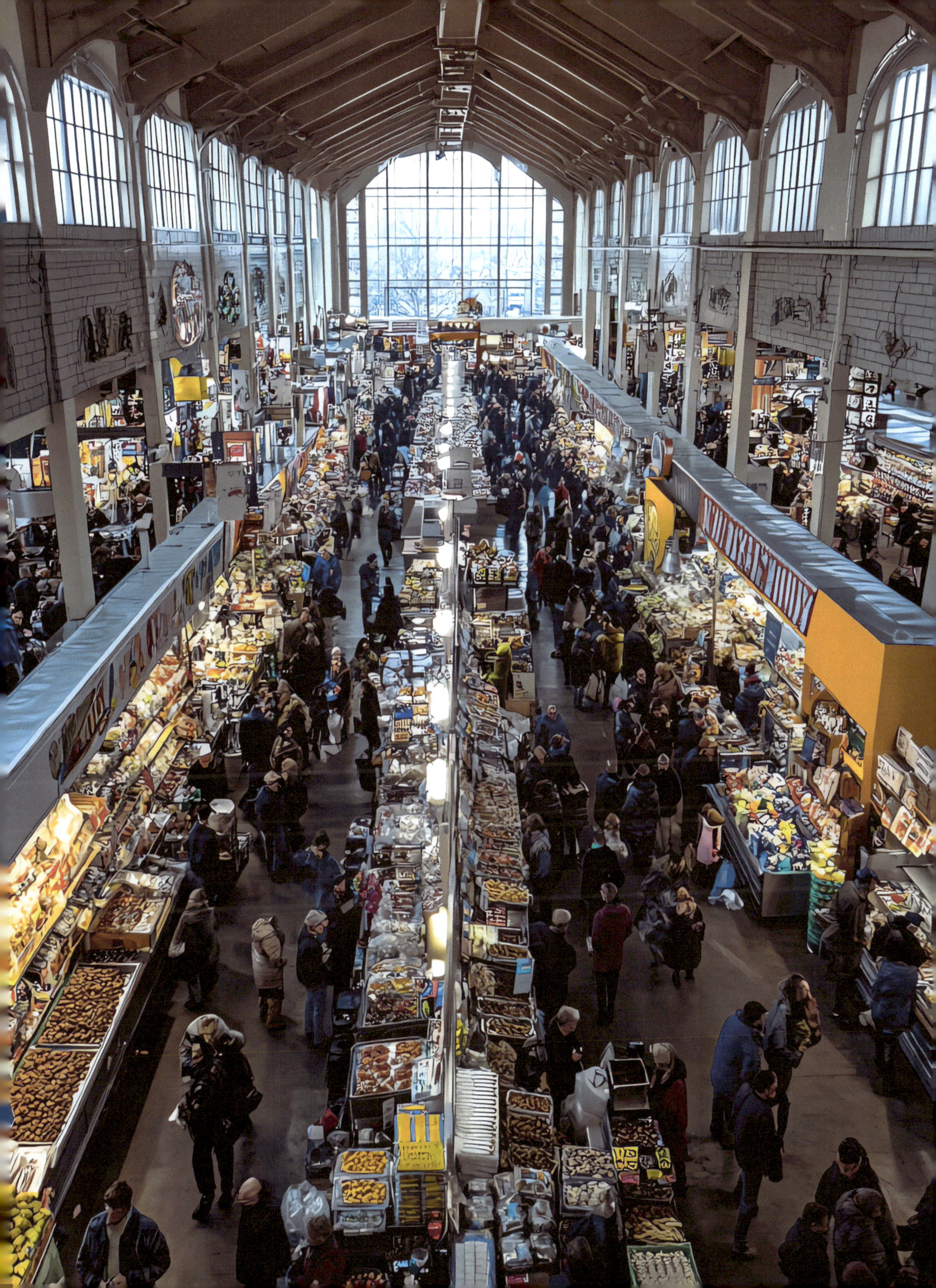

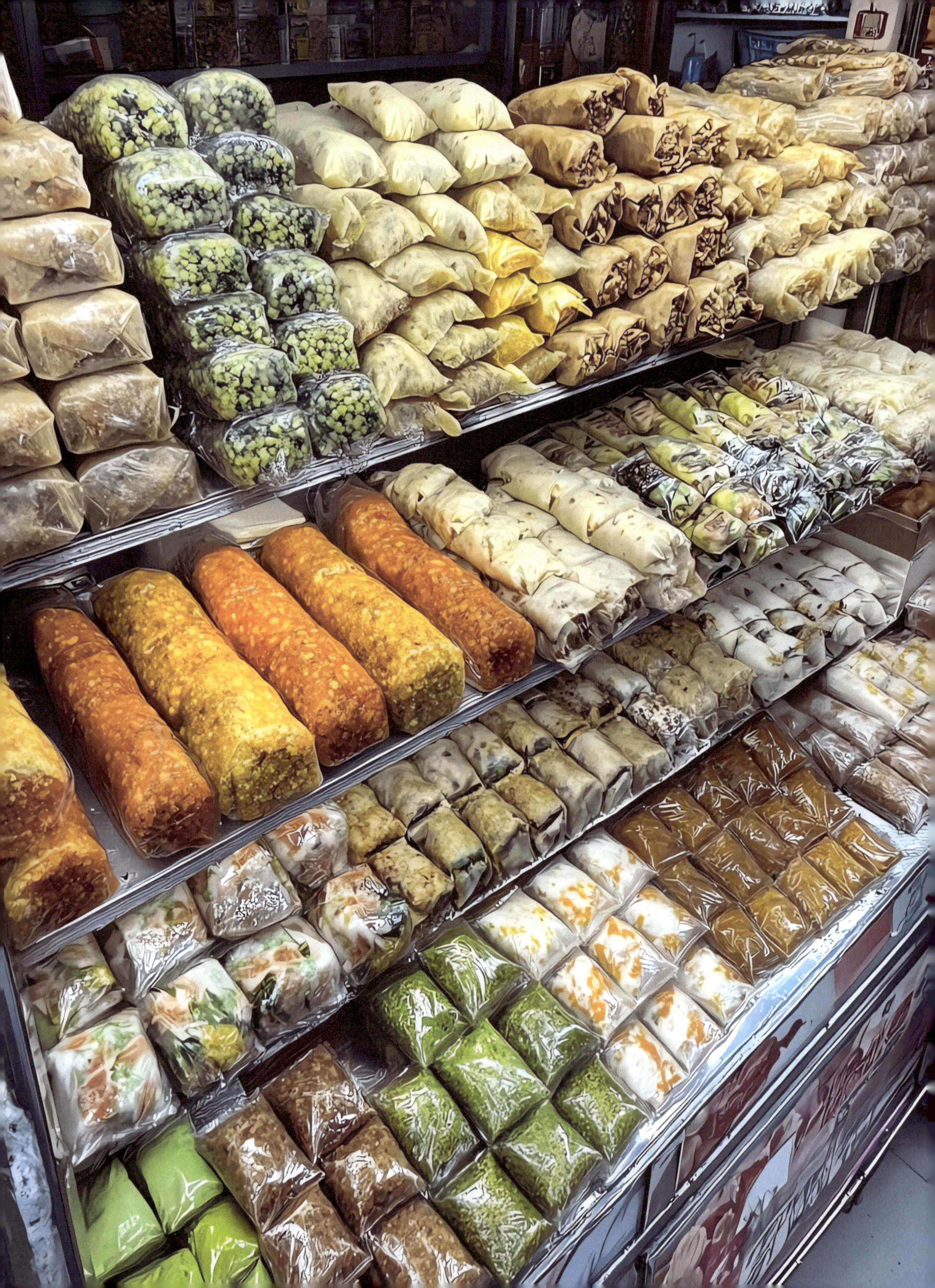

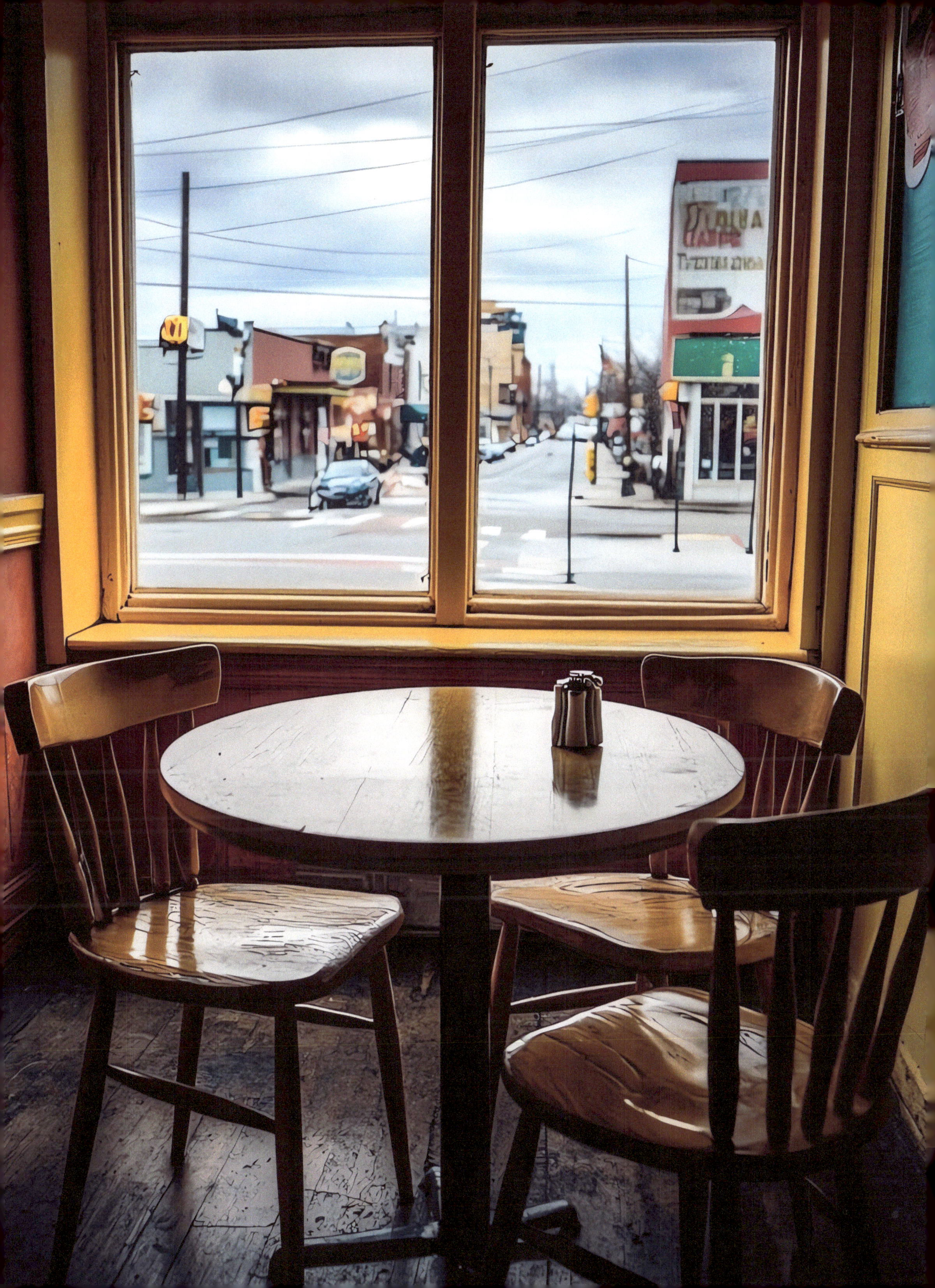

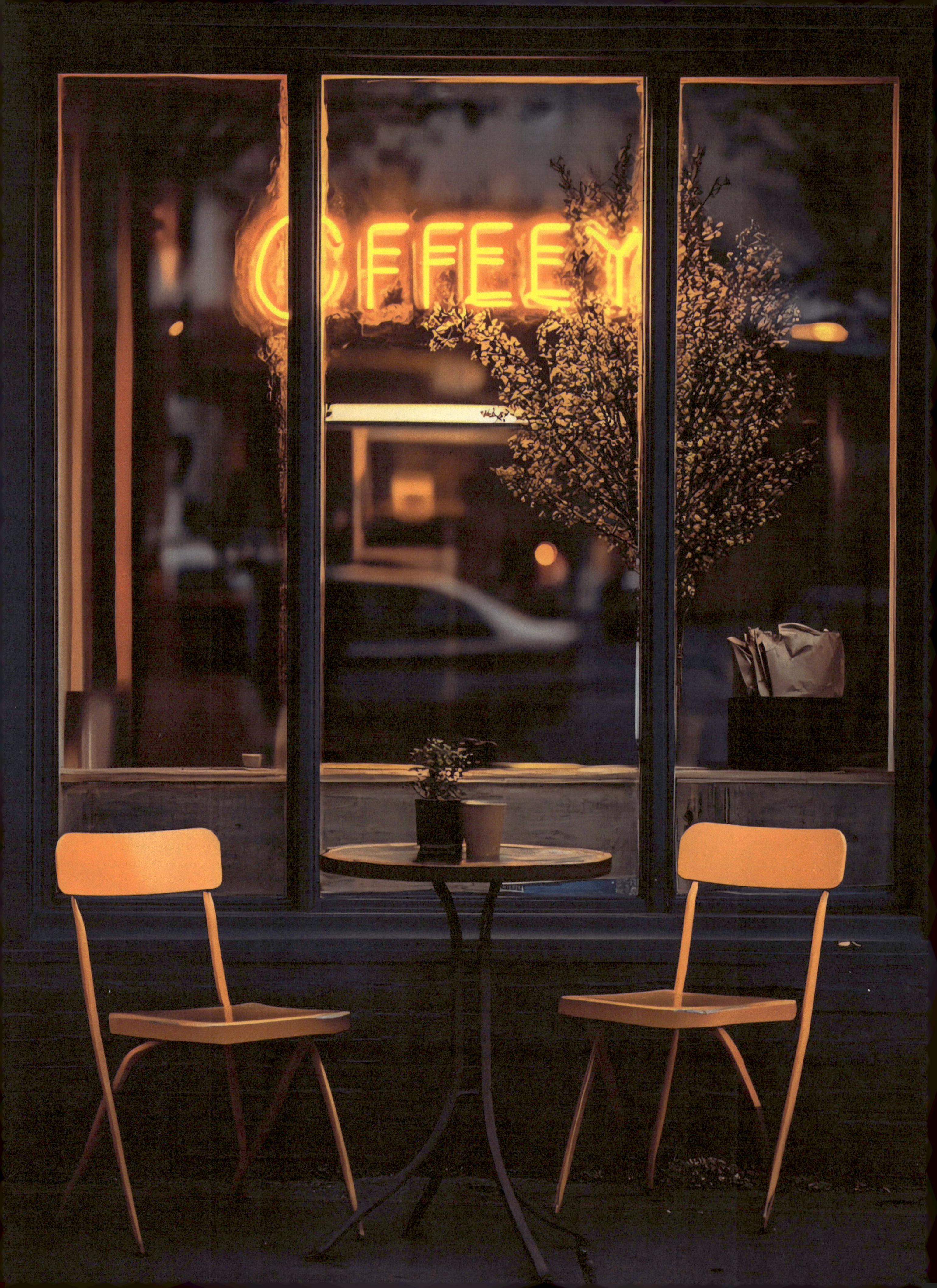

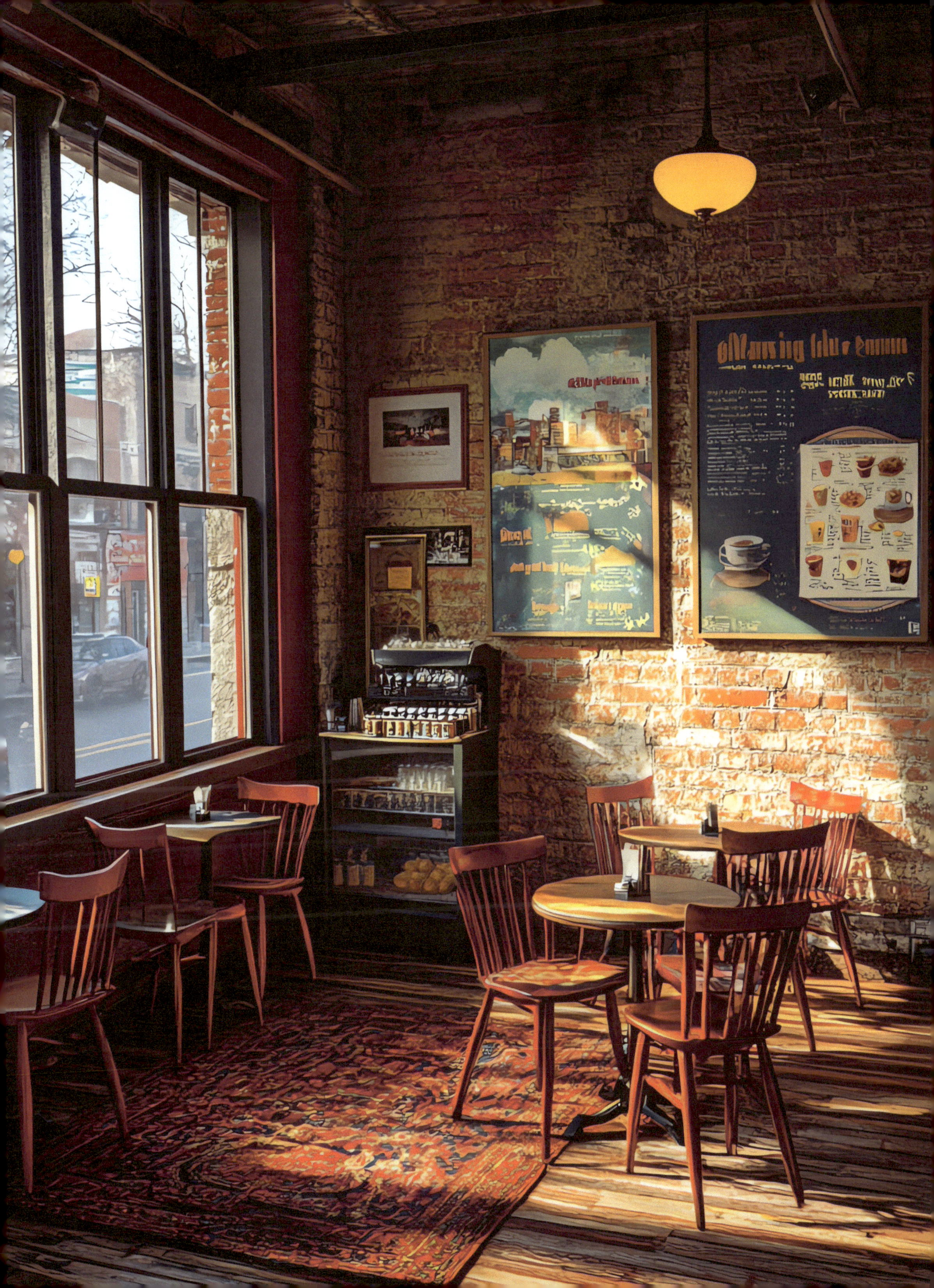

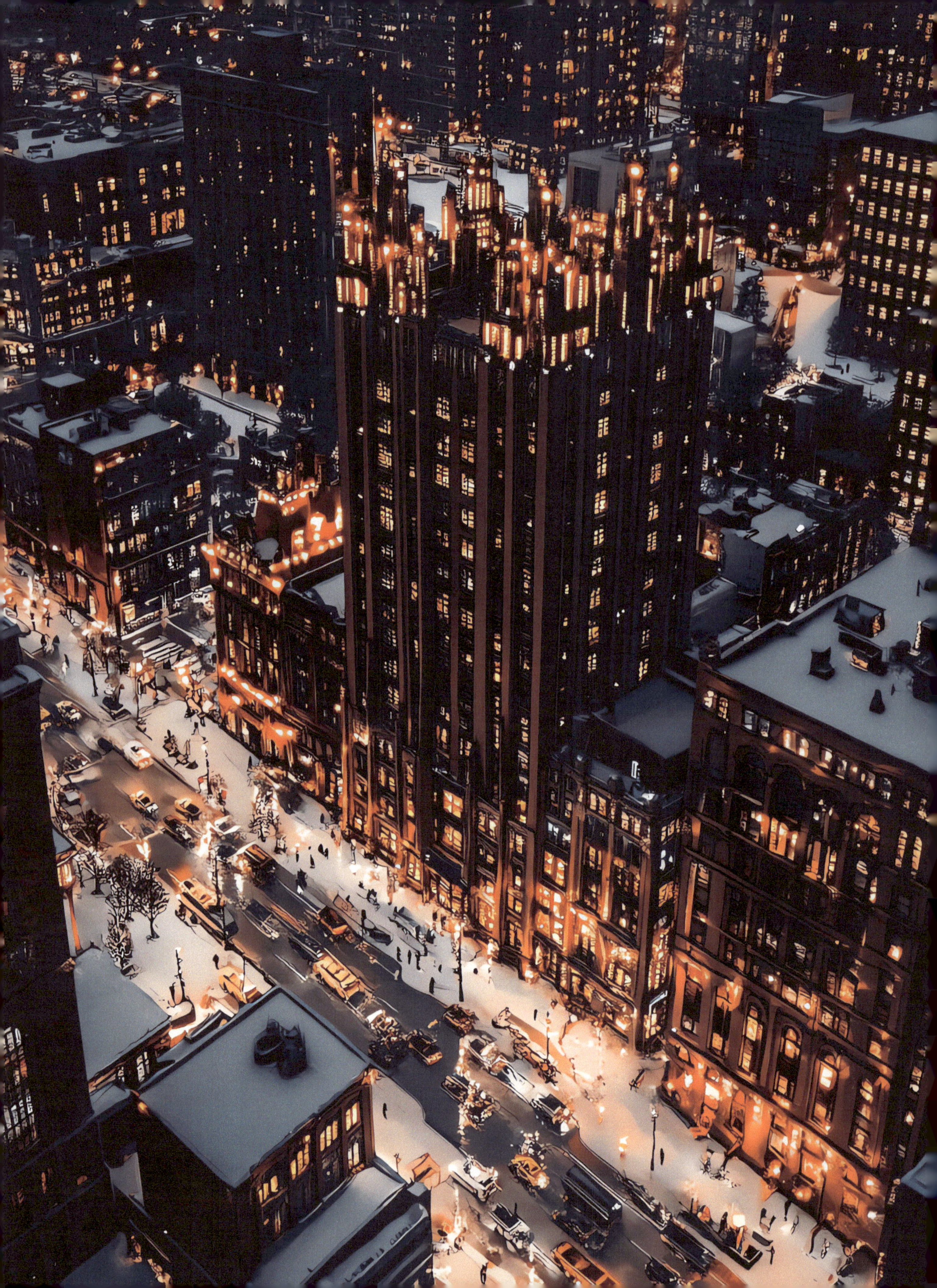

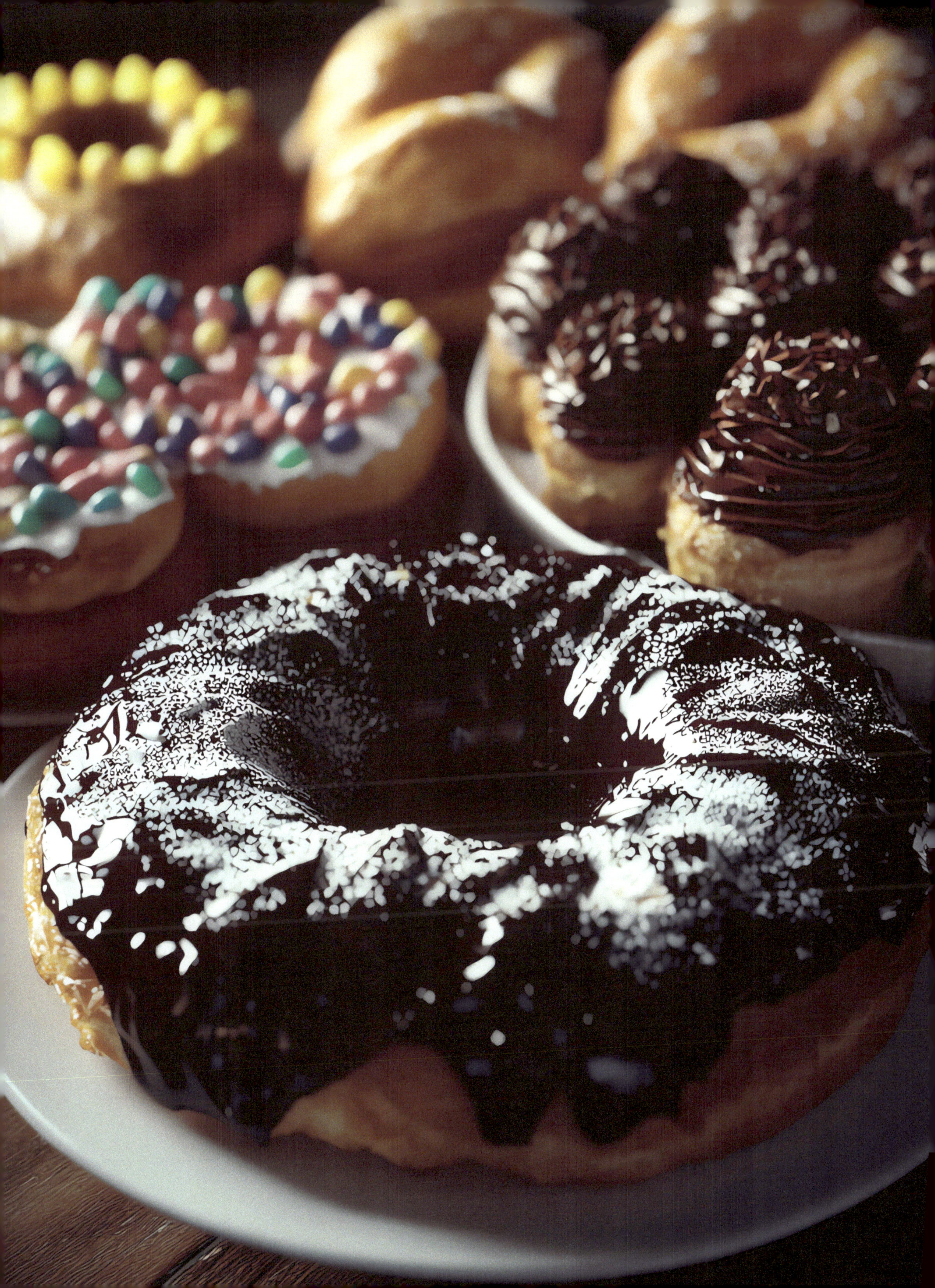

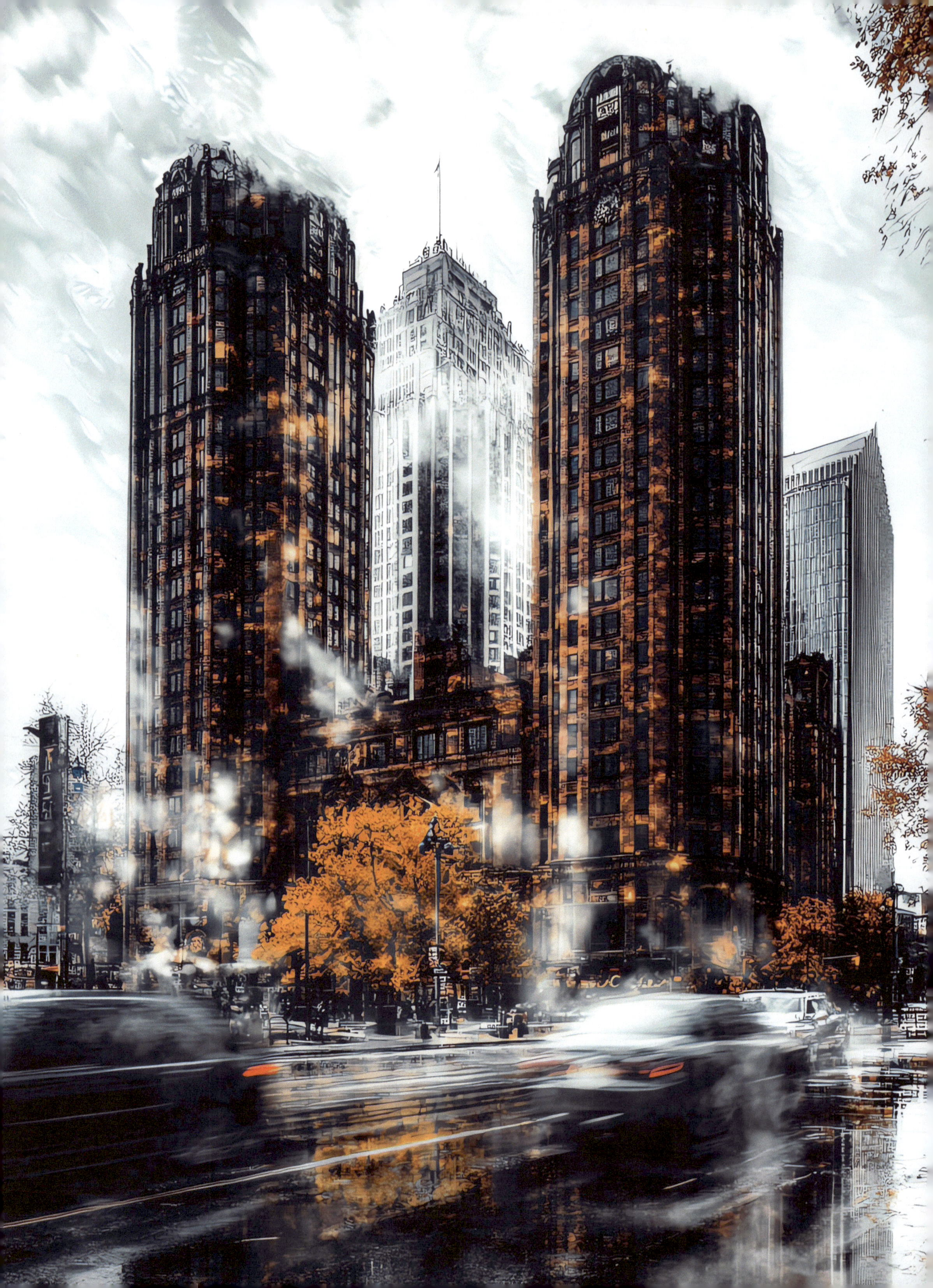

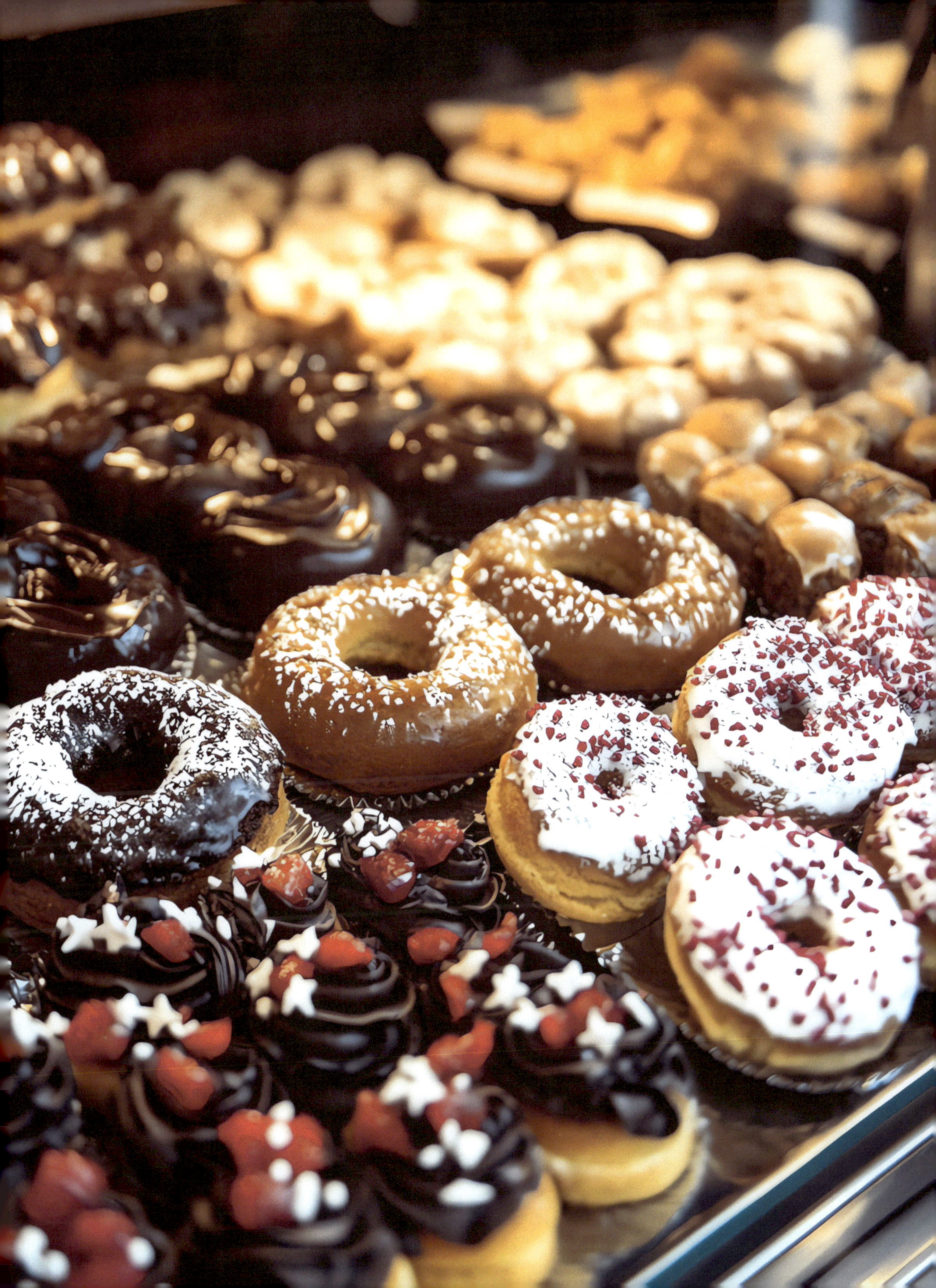

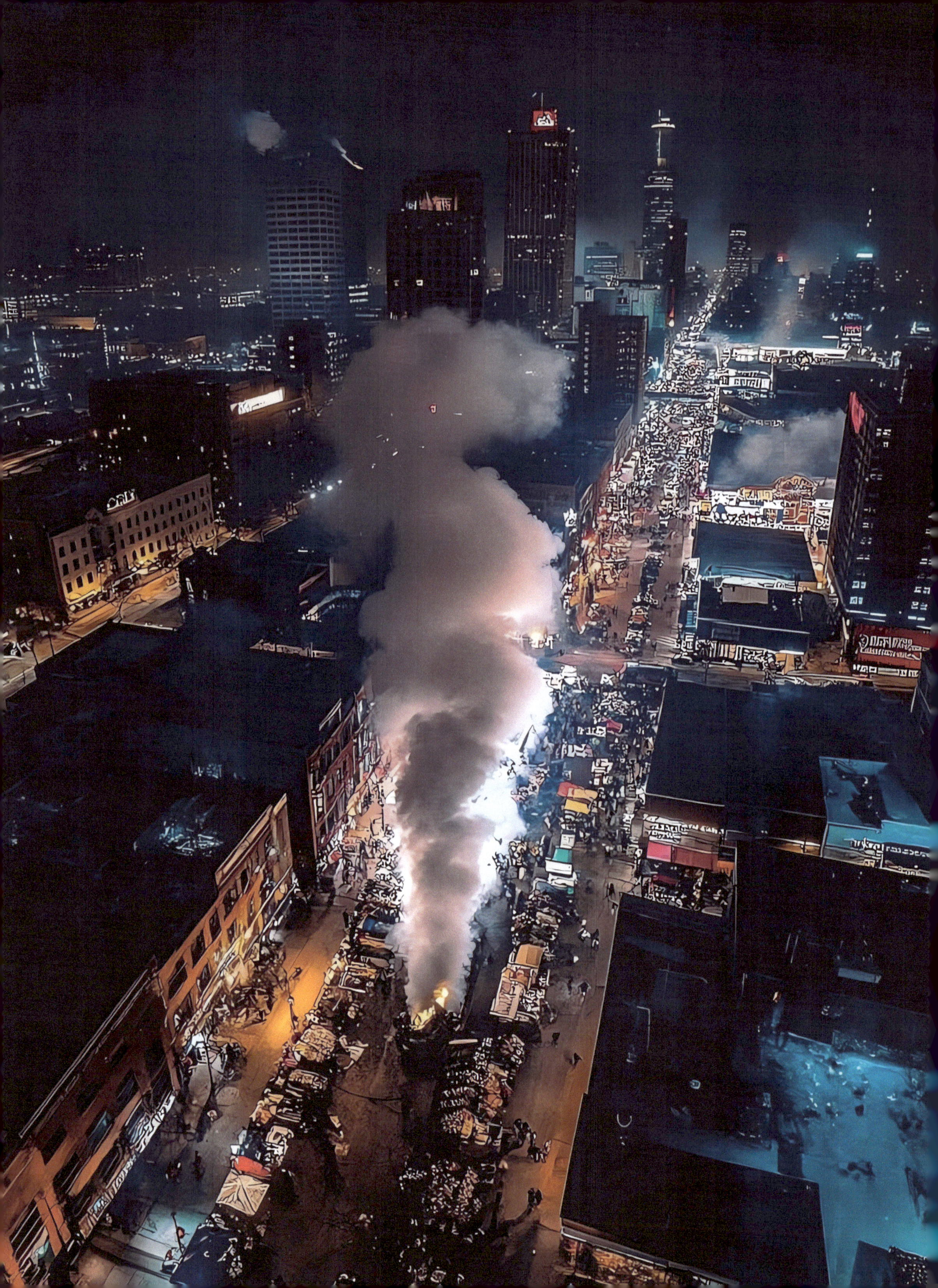

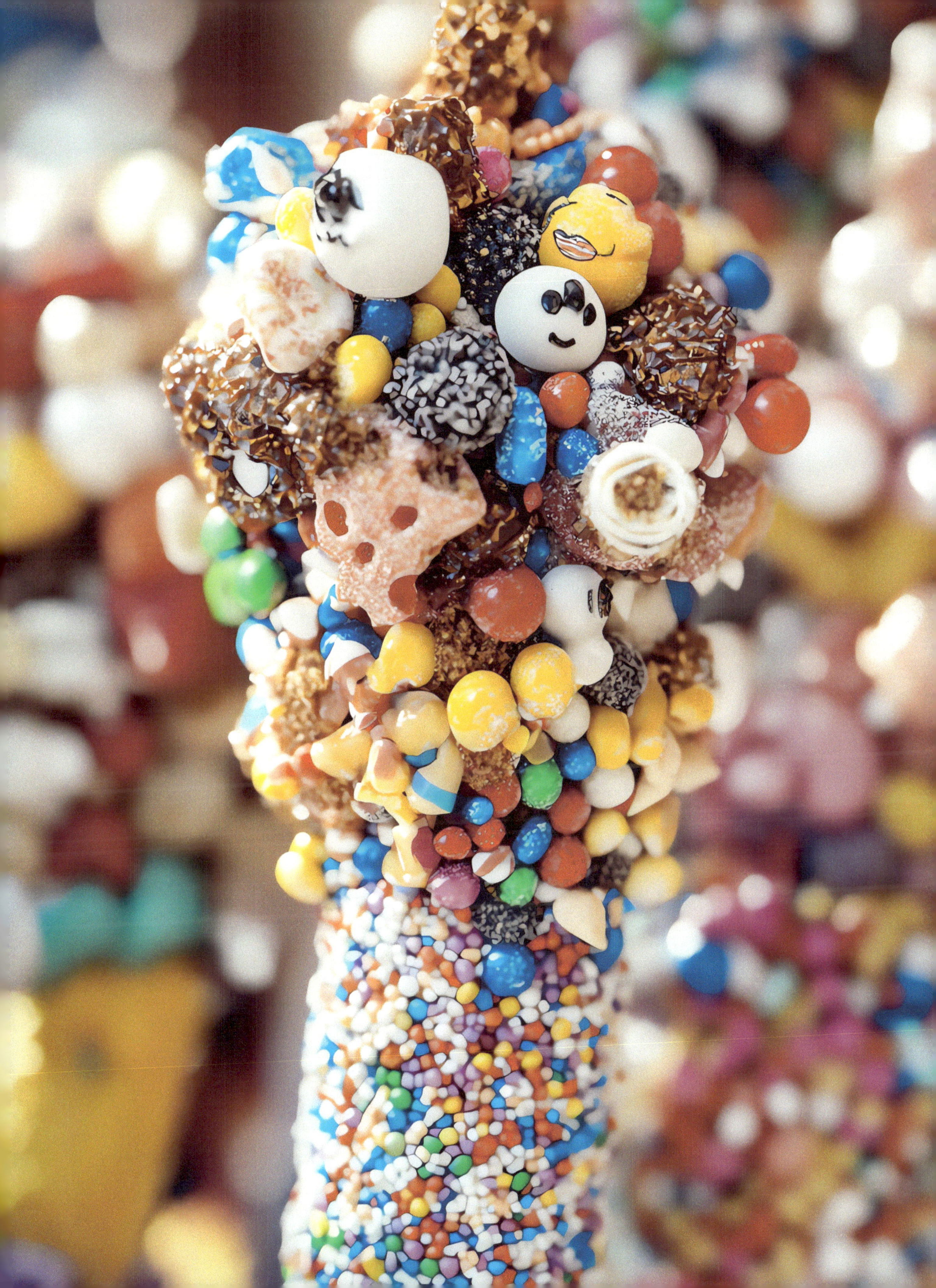

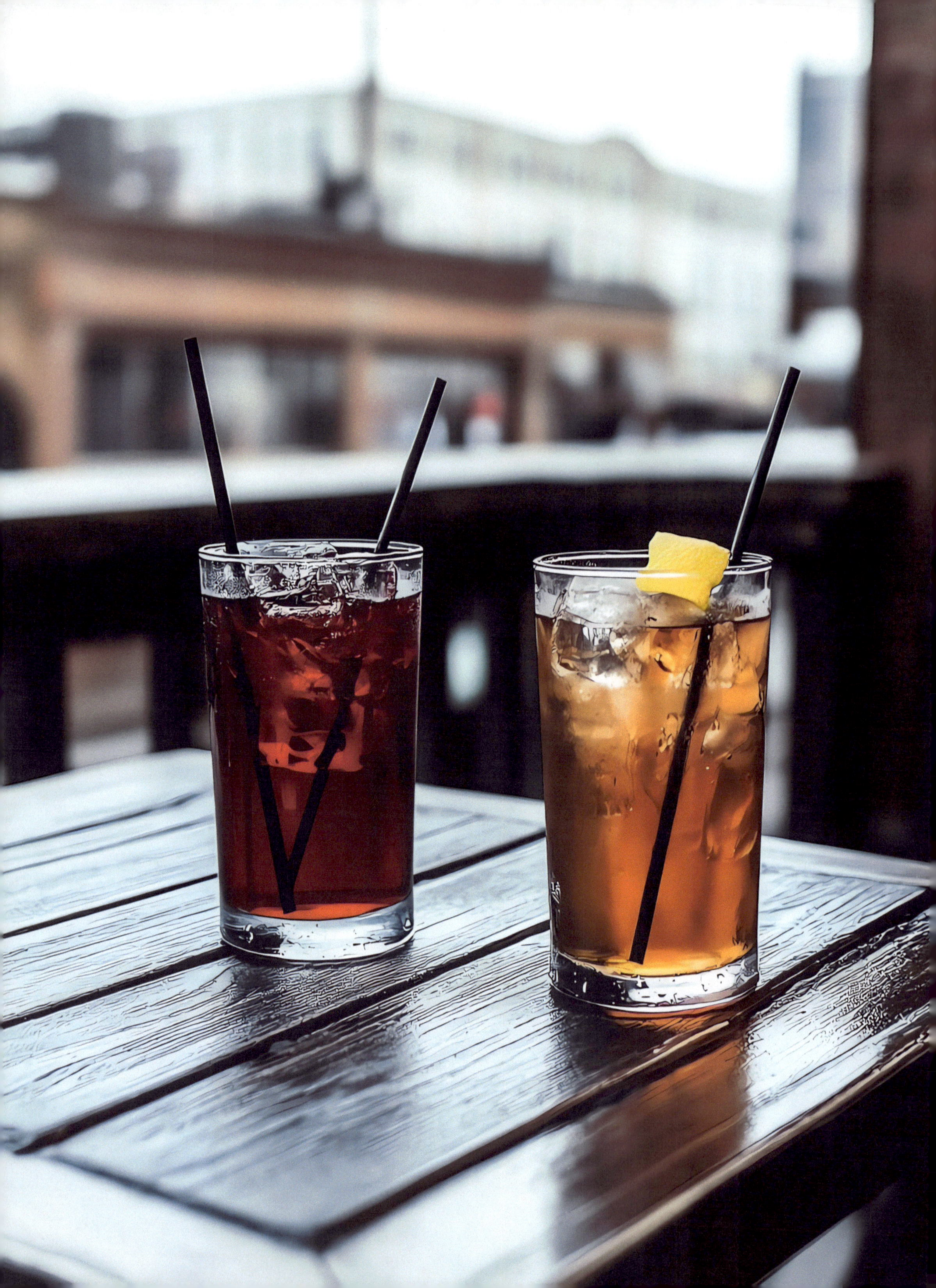

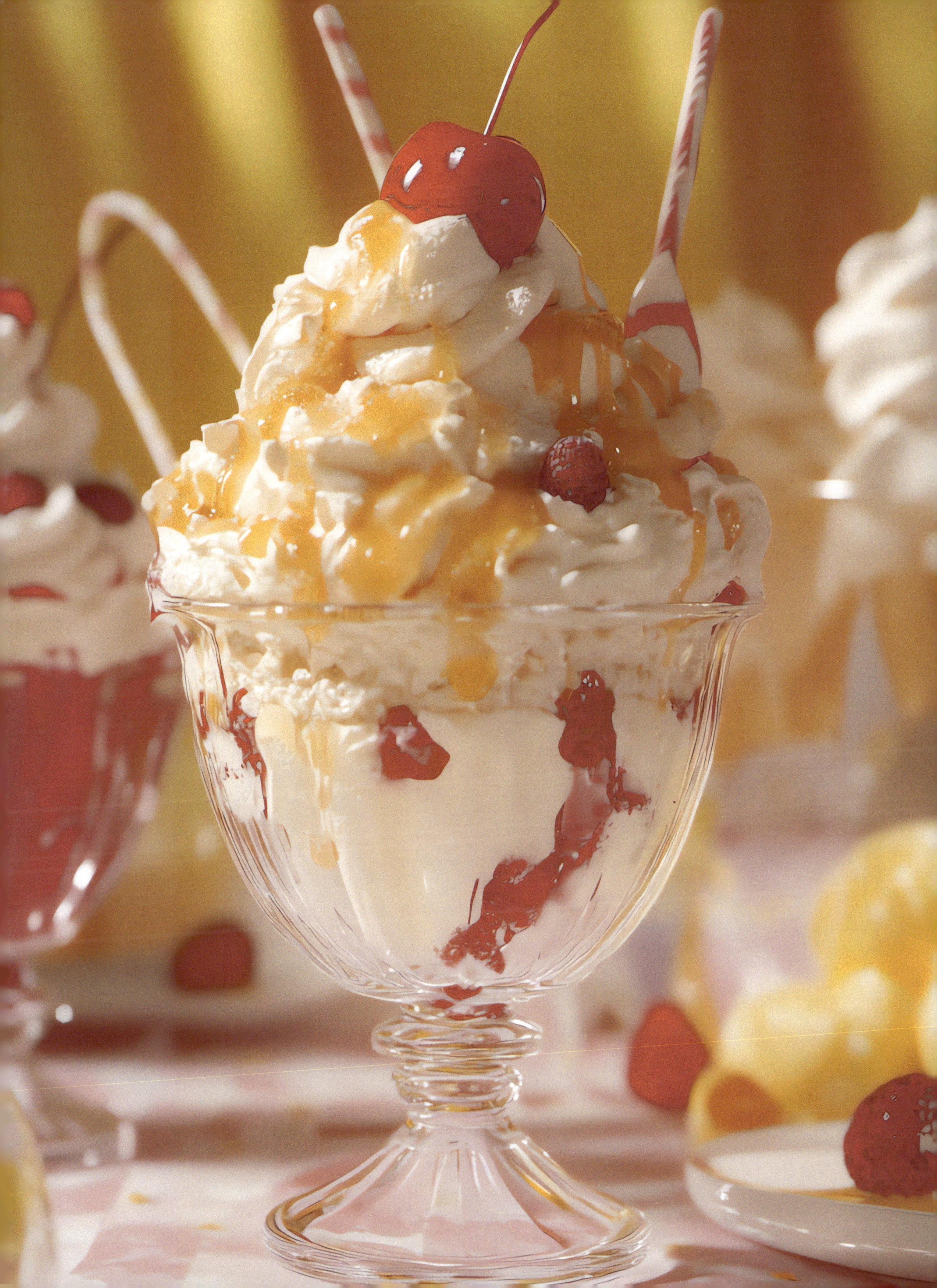

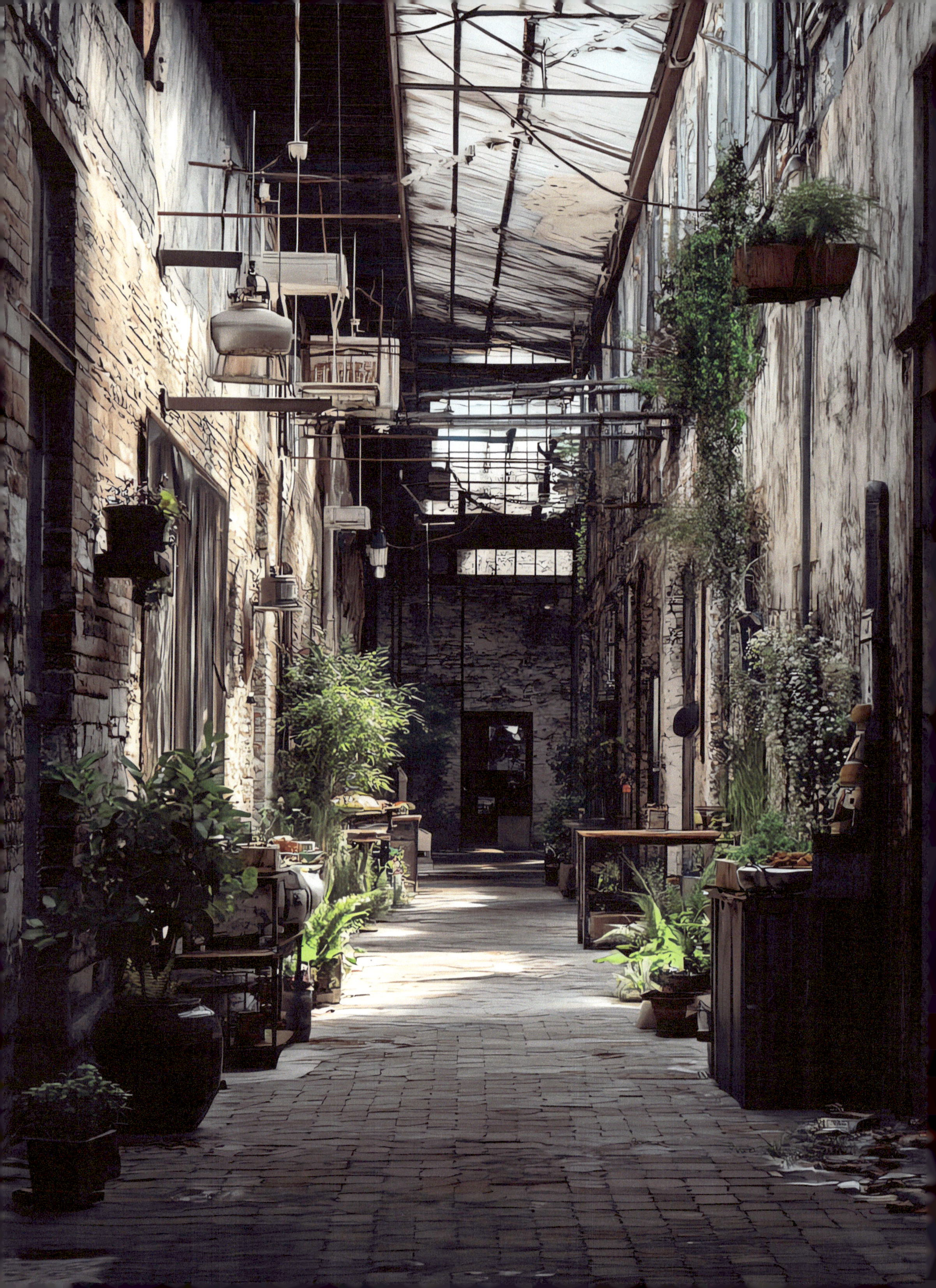

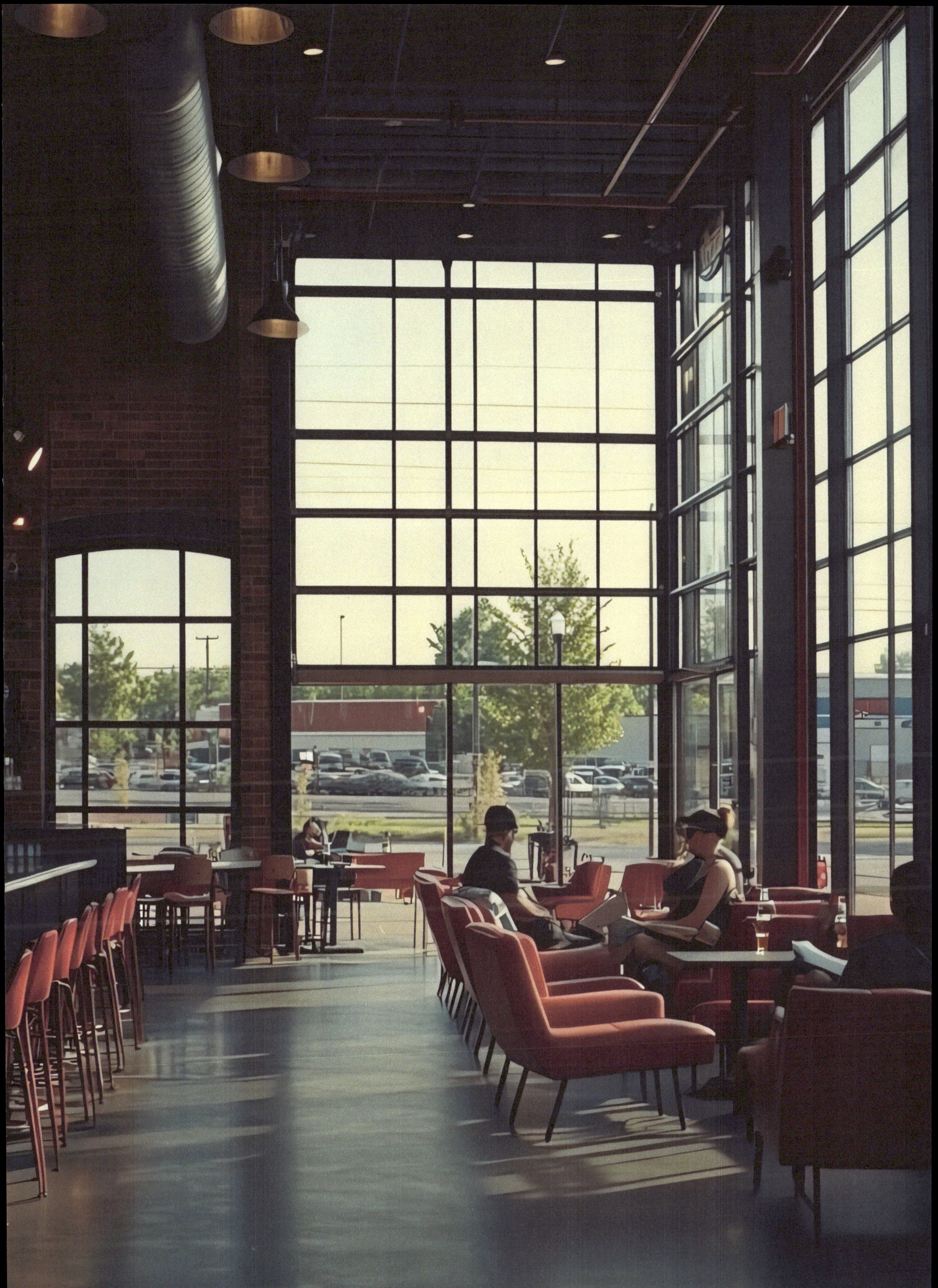

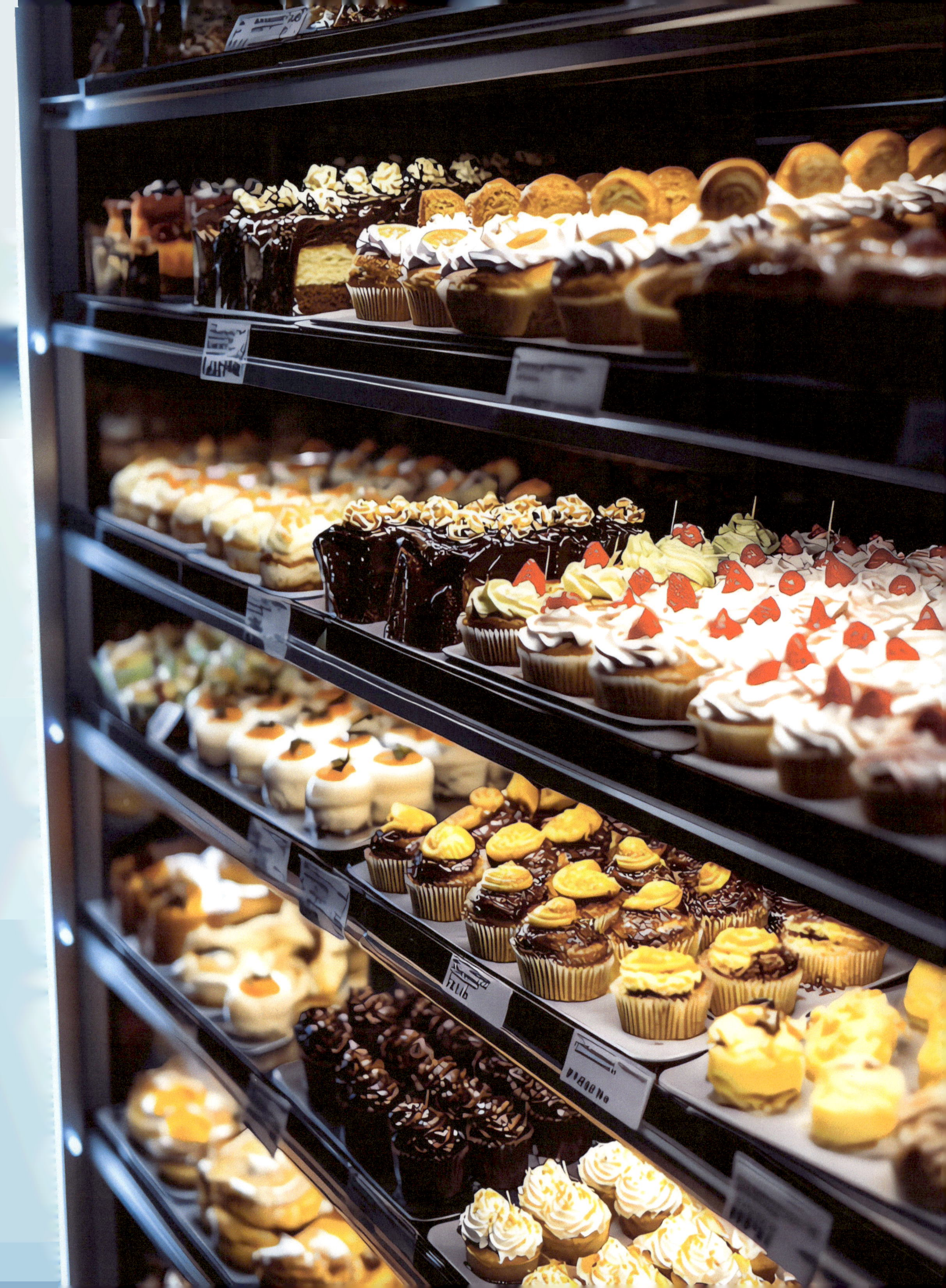

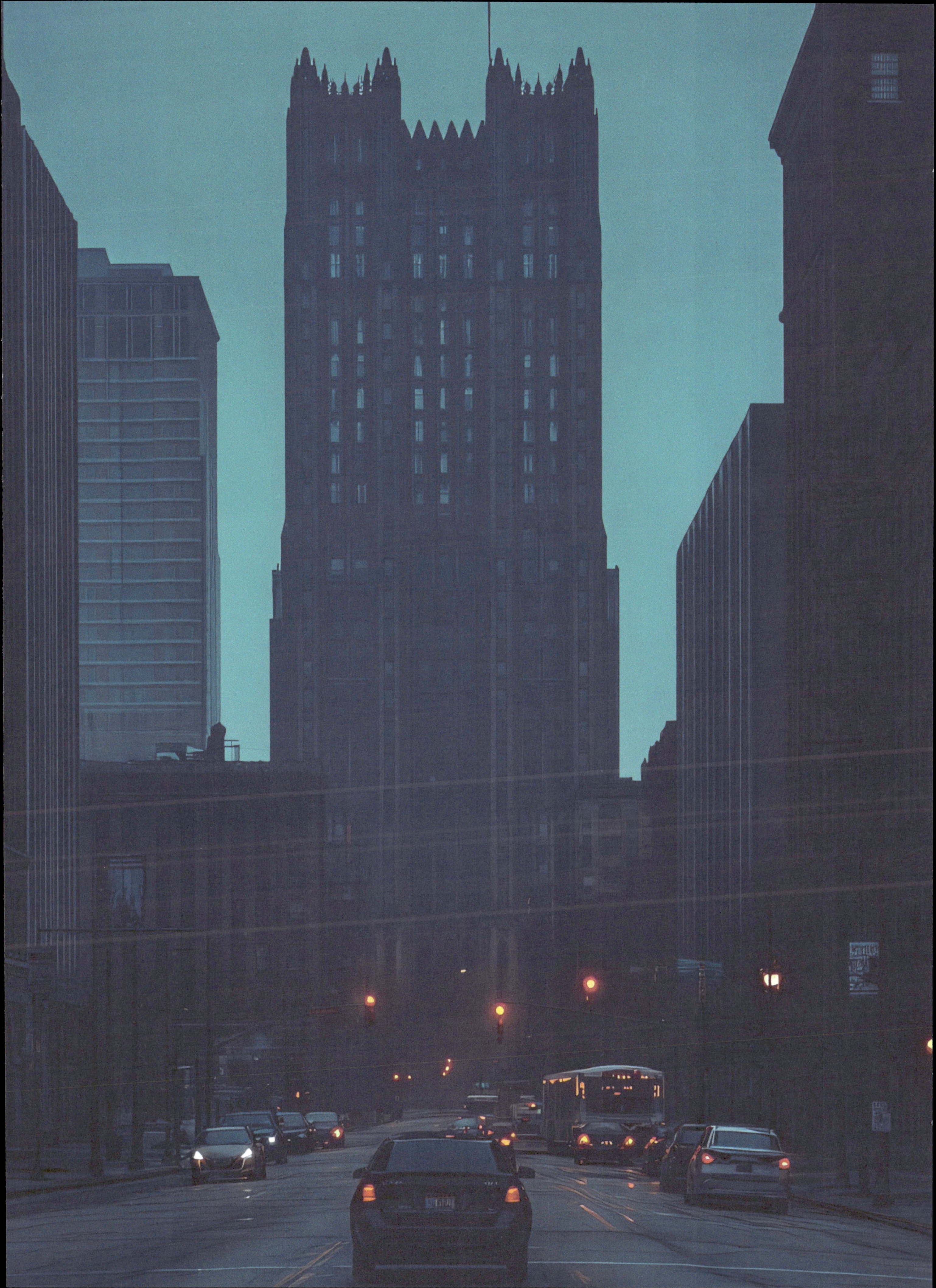

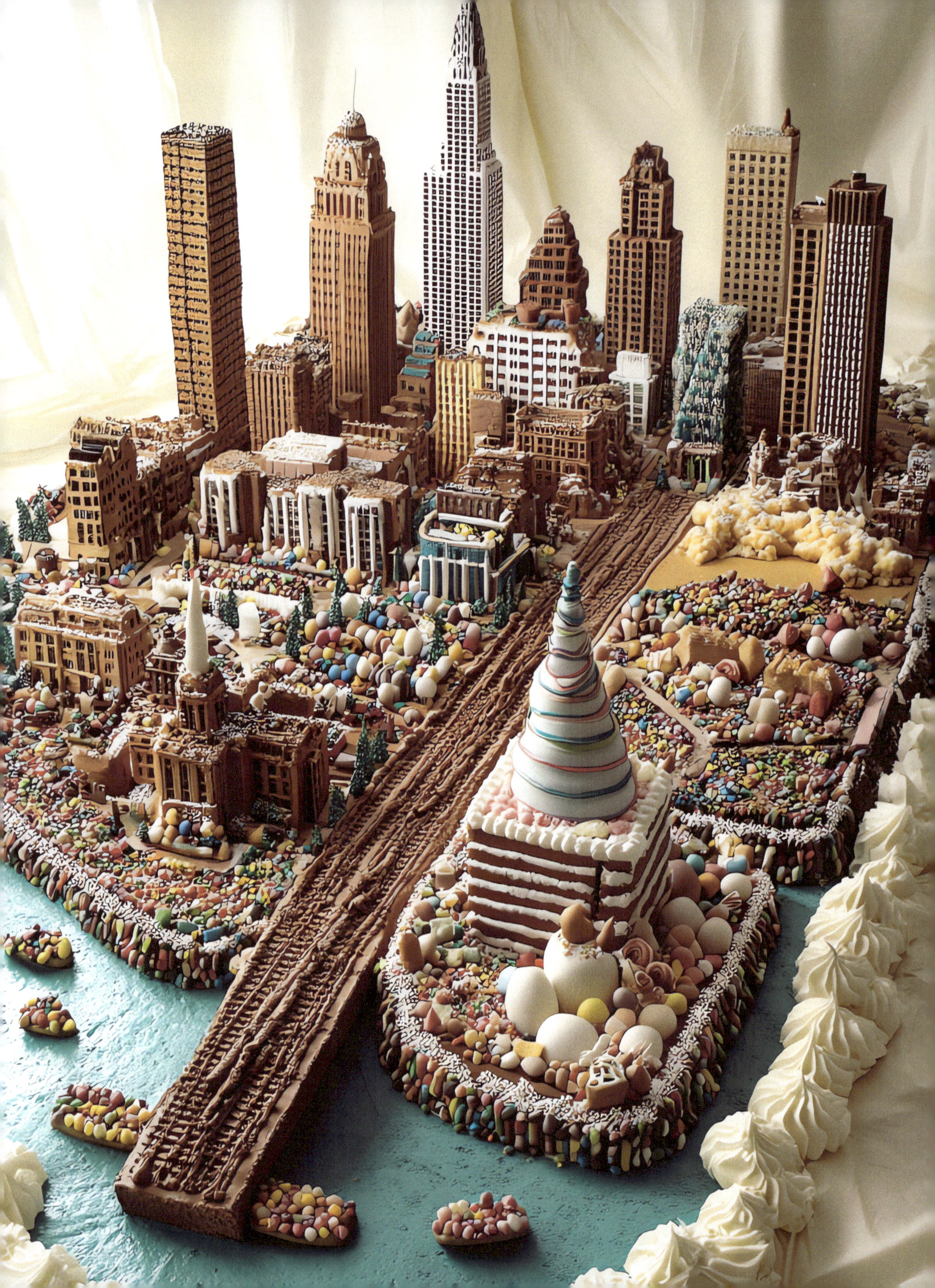

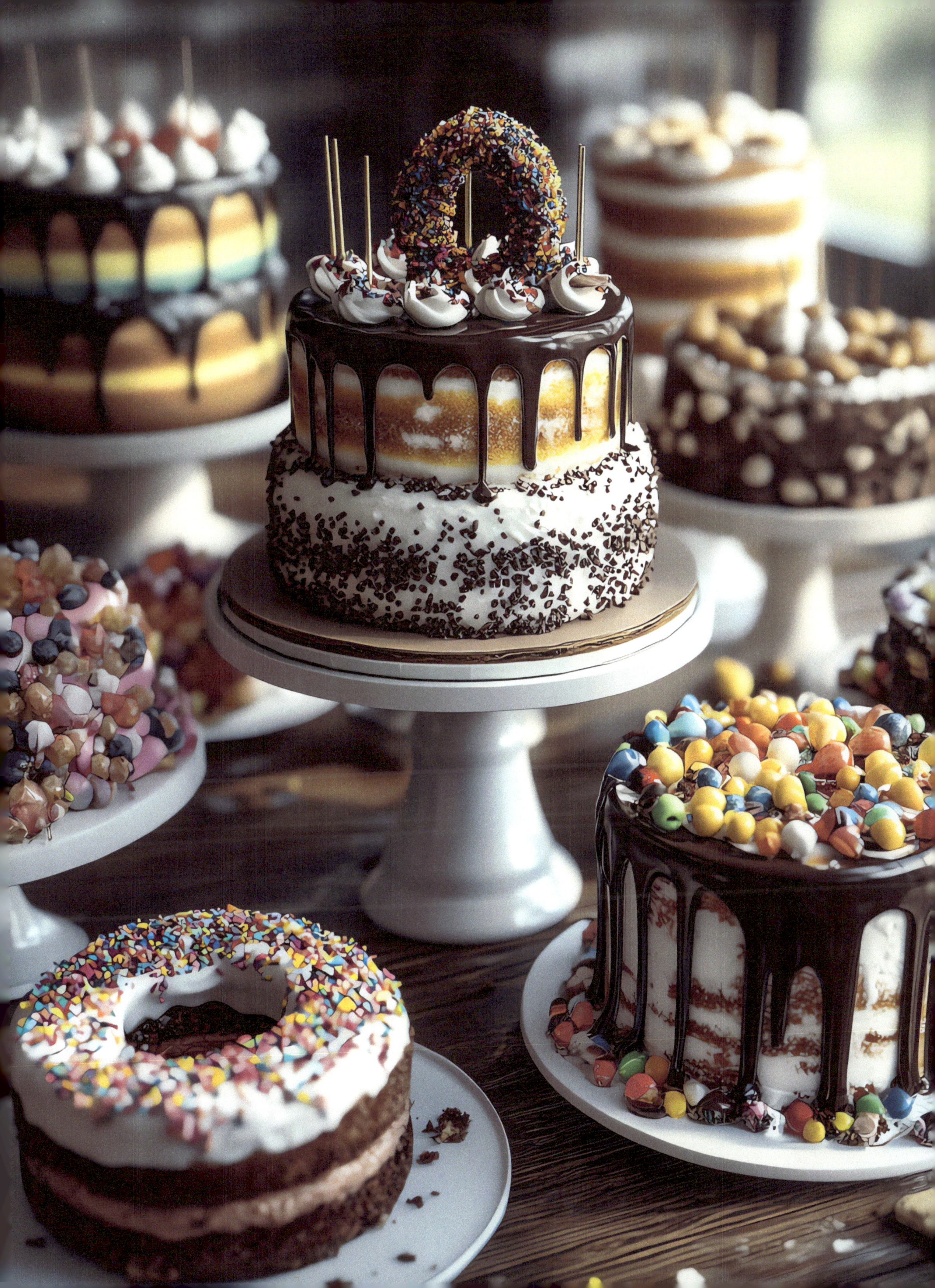

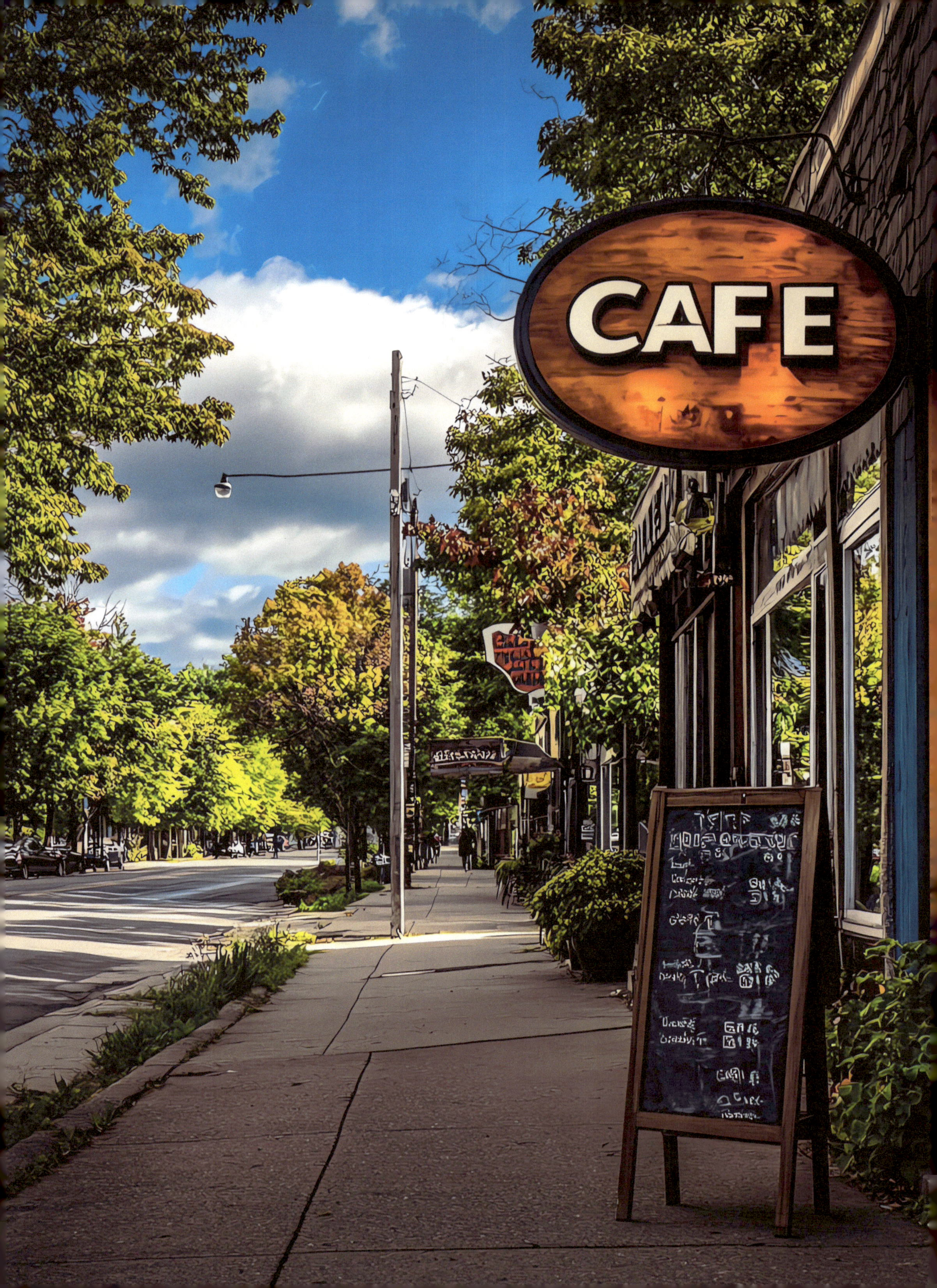
CAFE

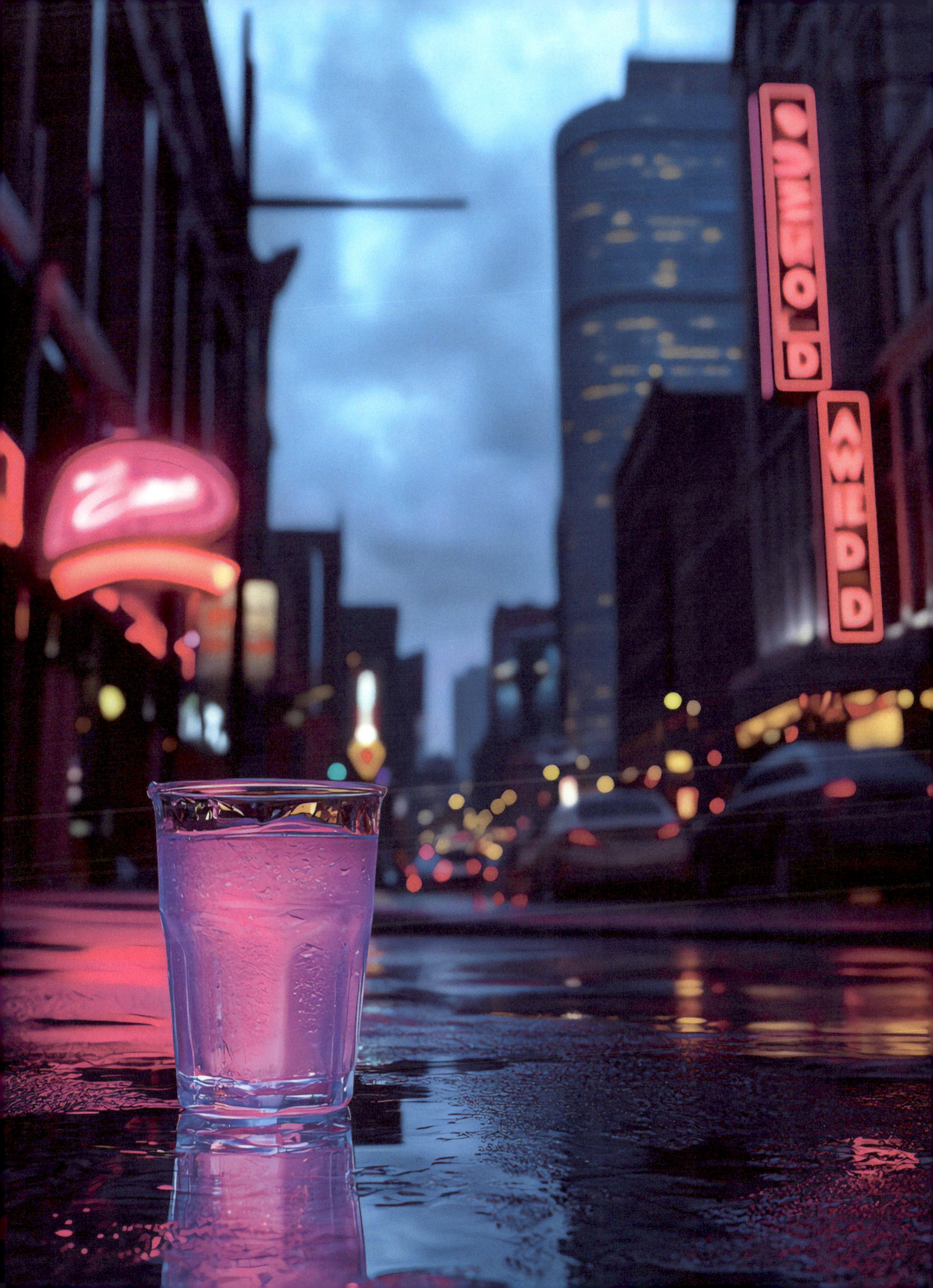

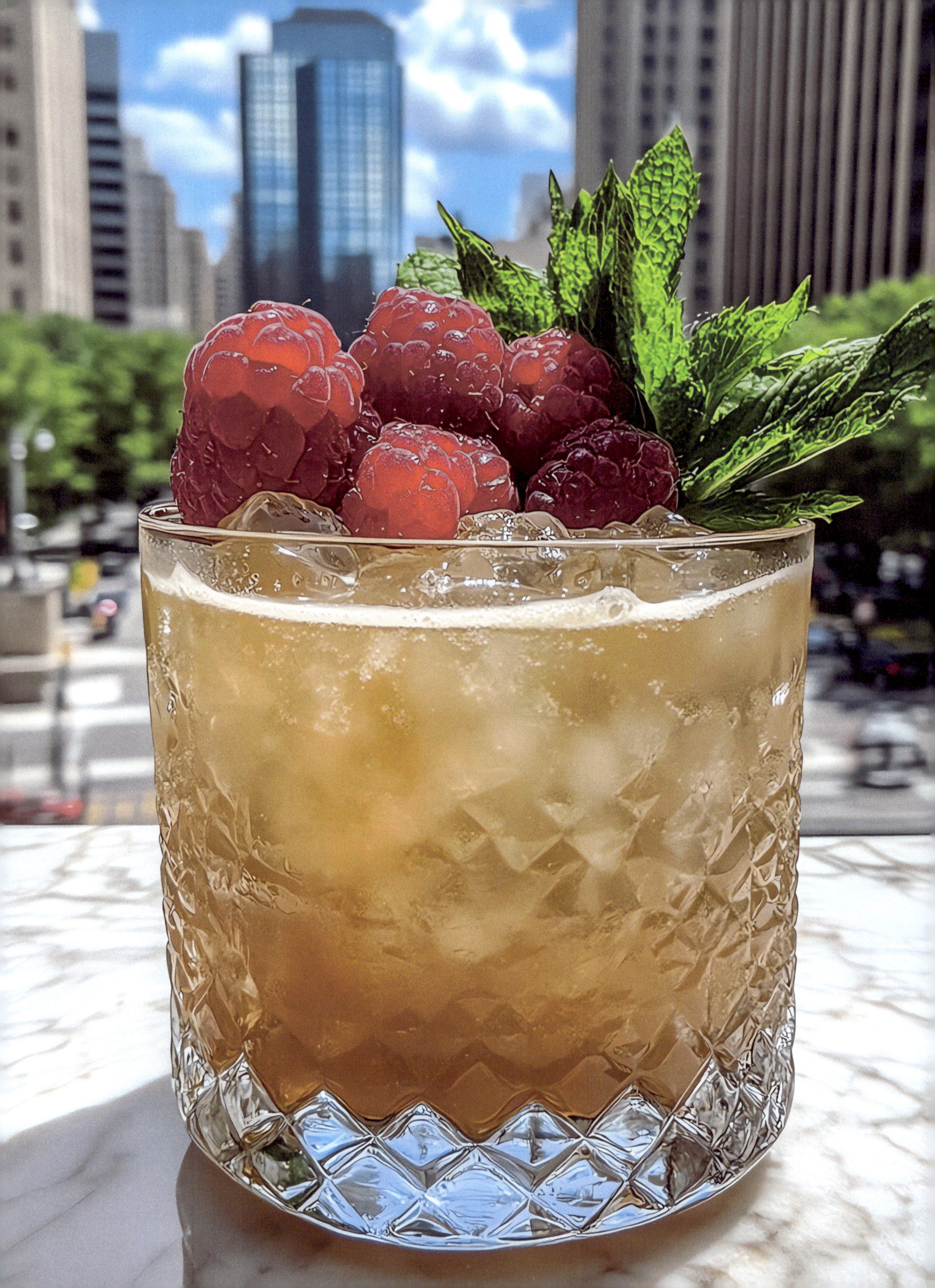

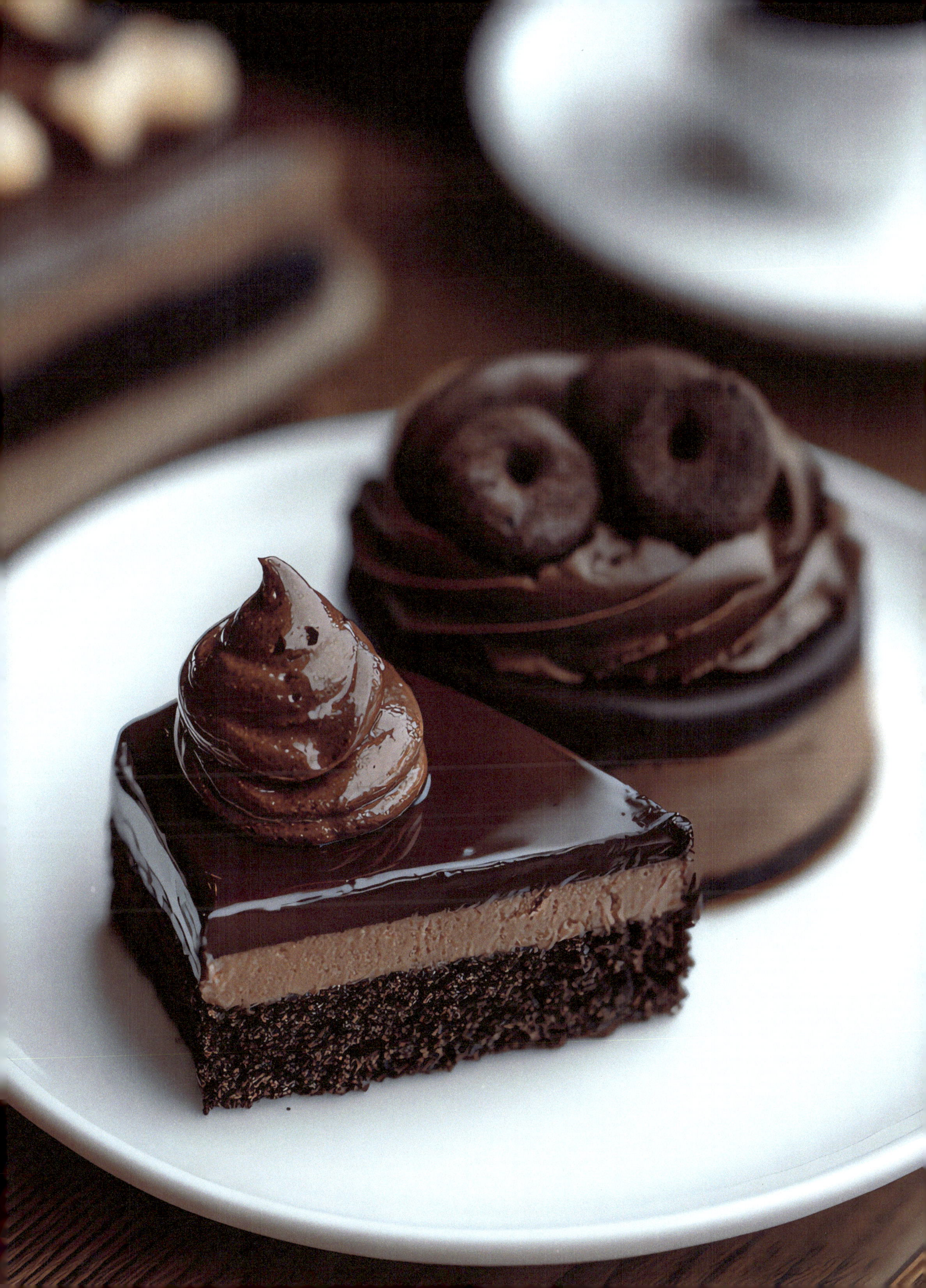

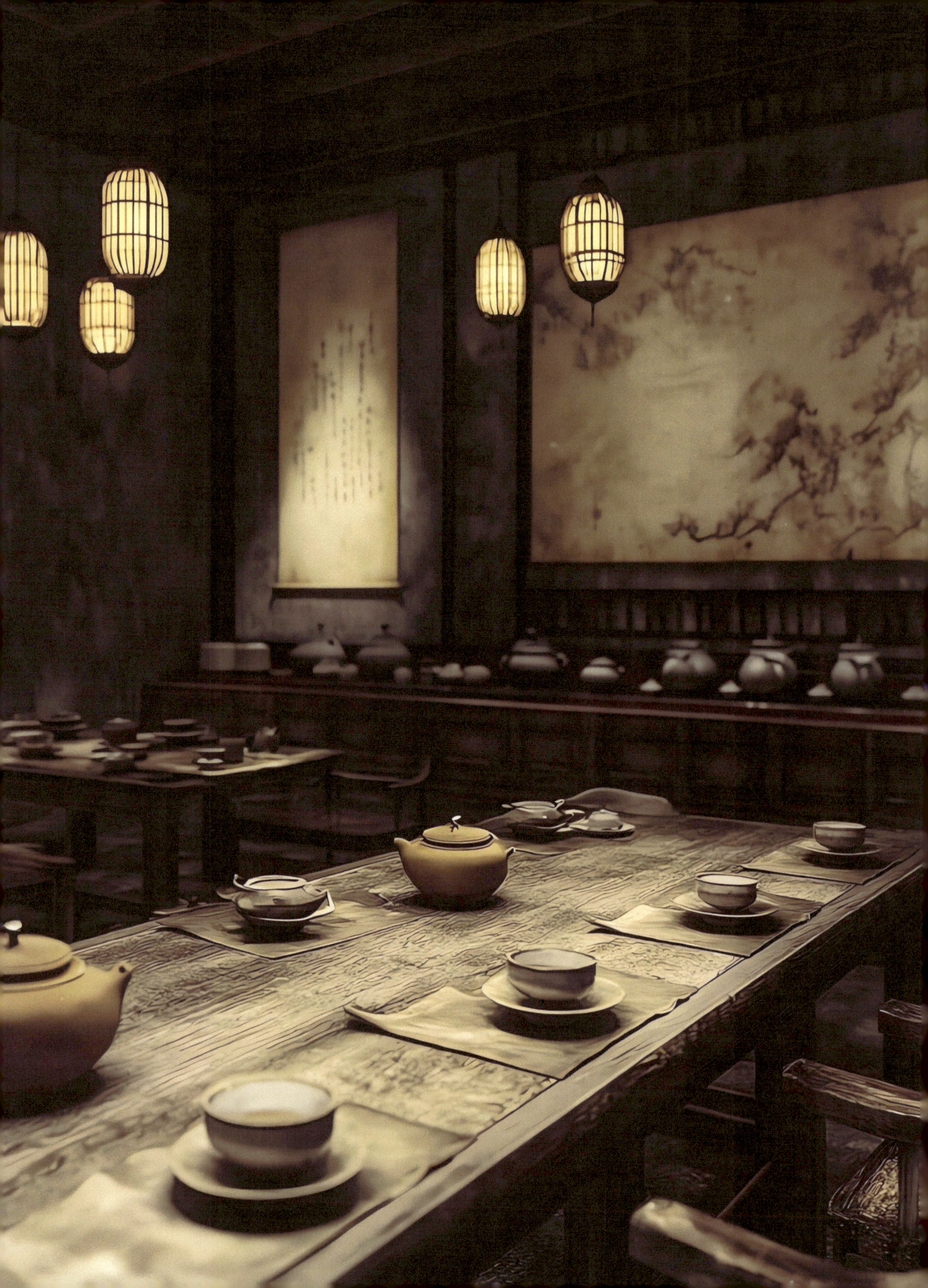

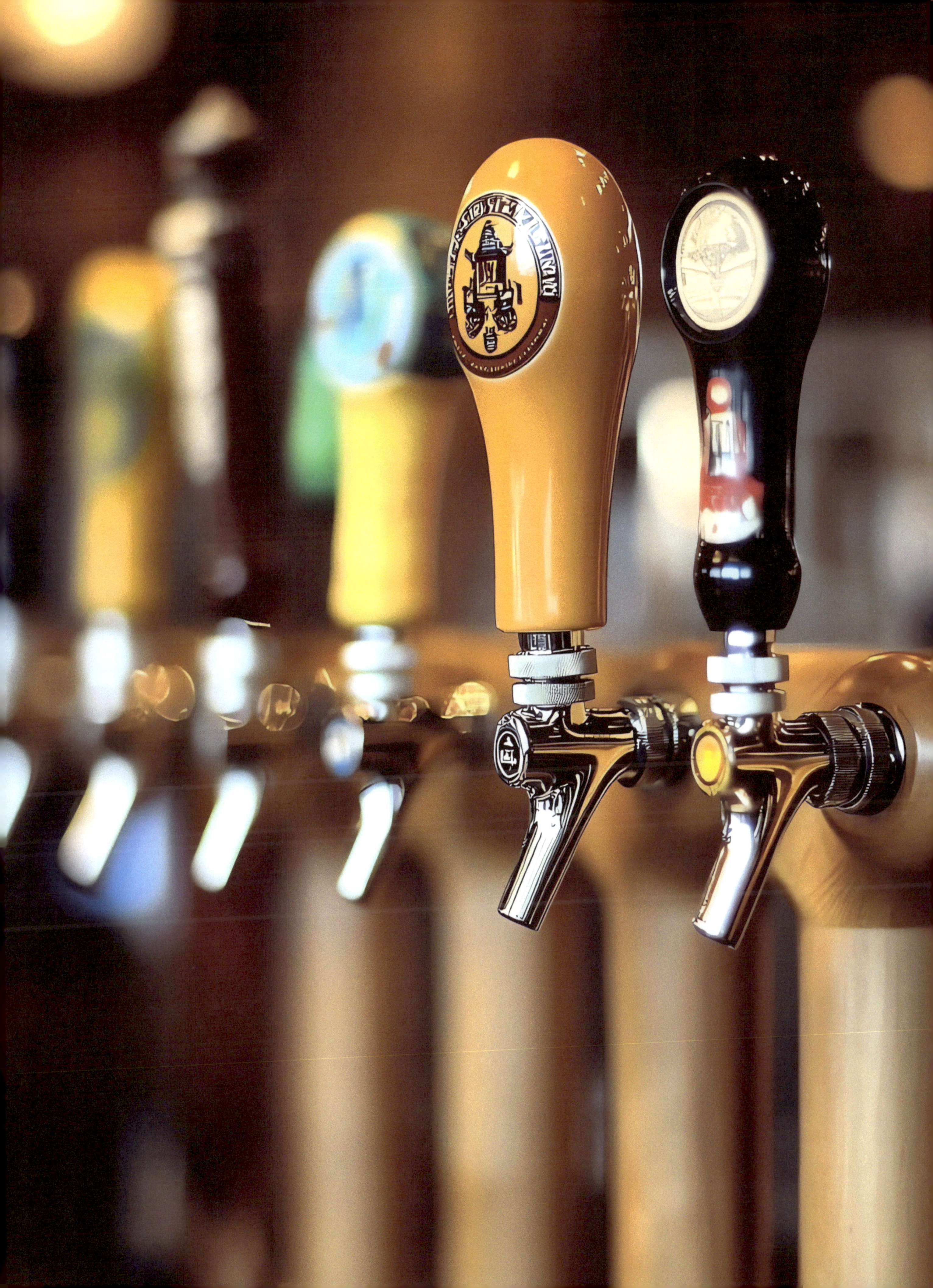

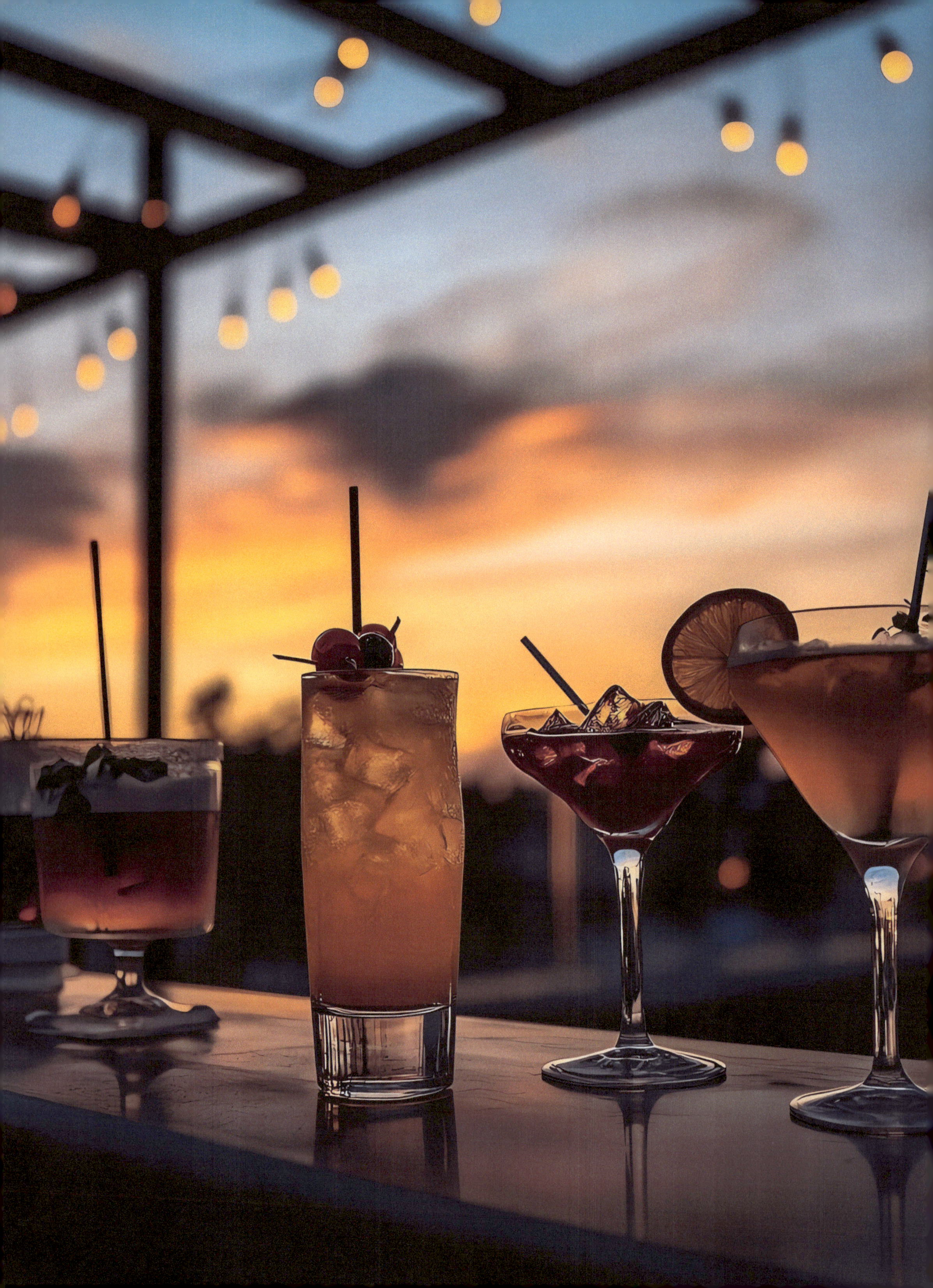

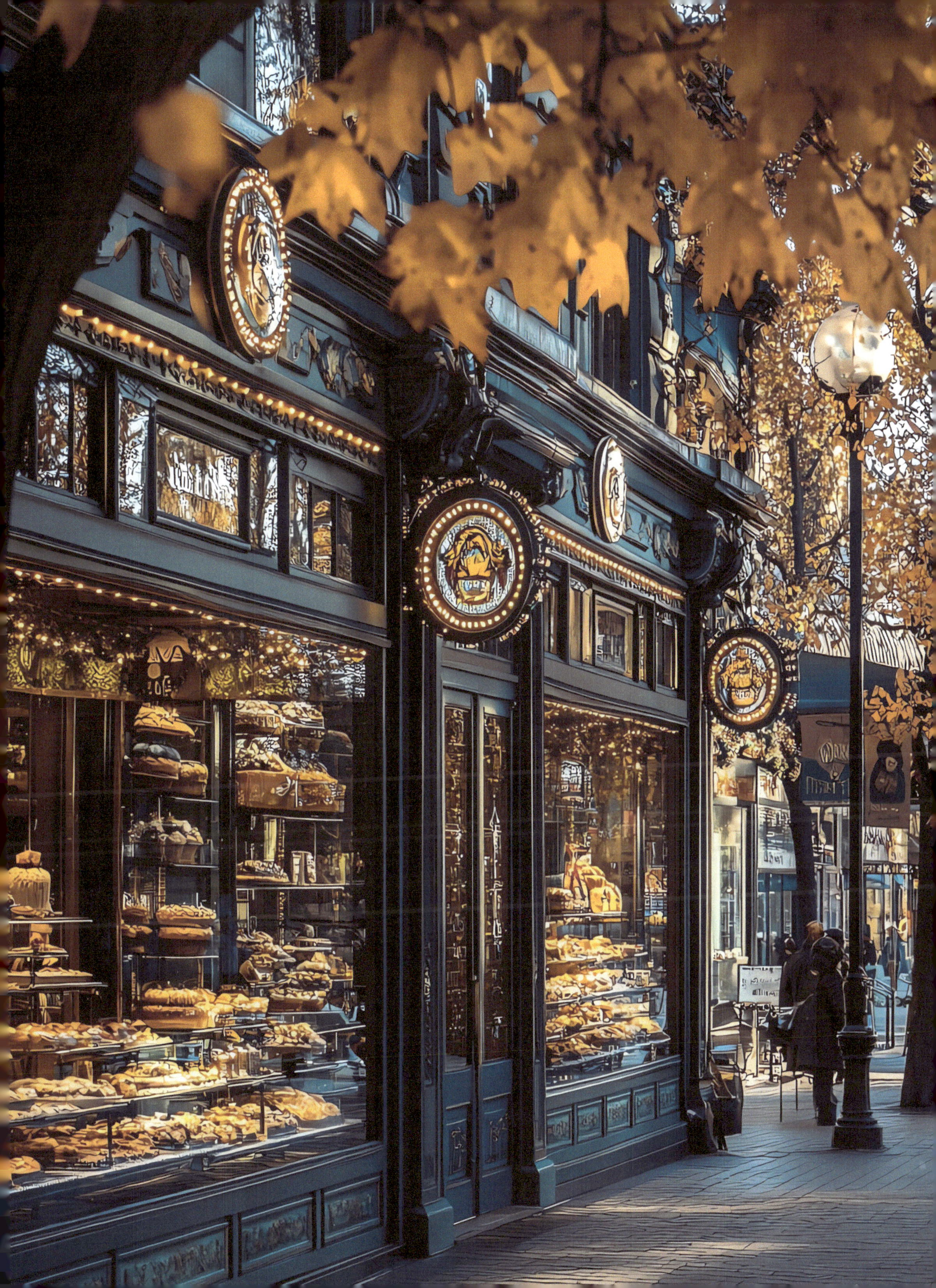

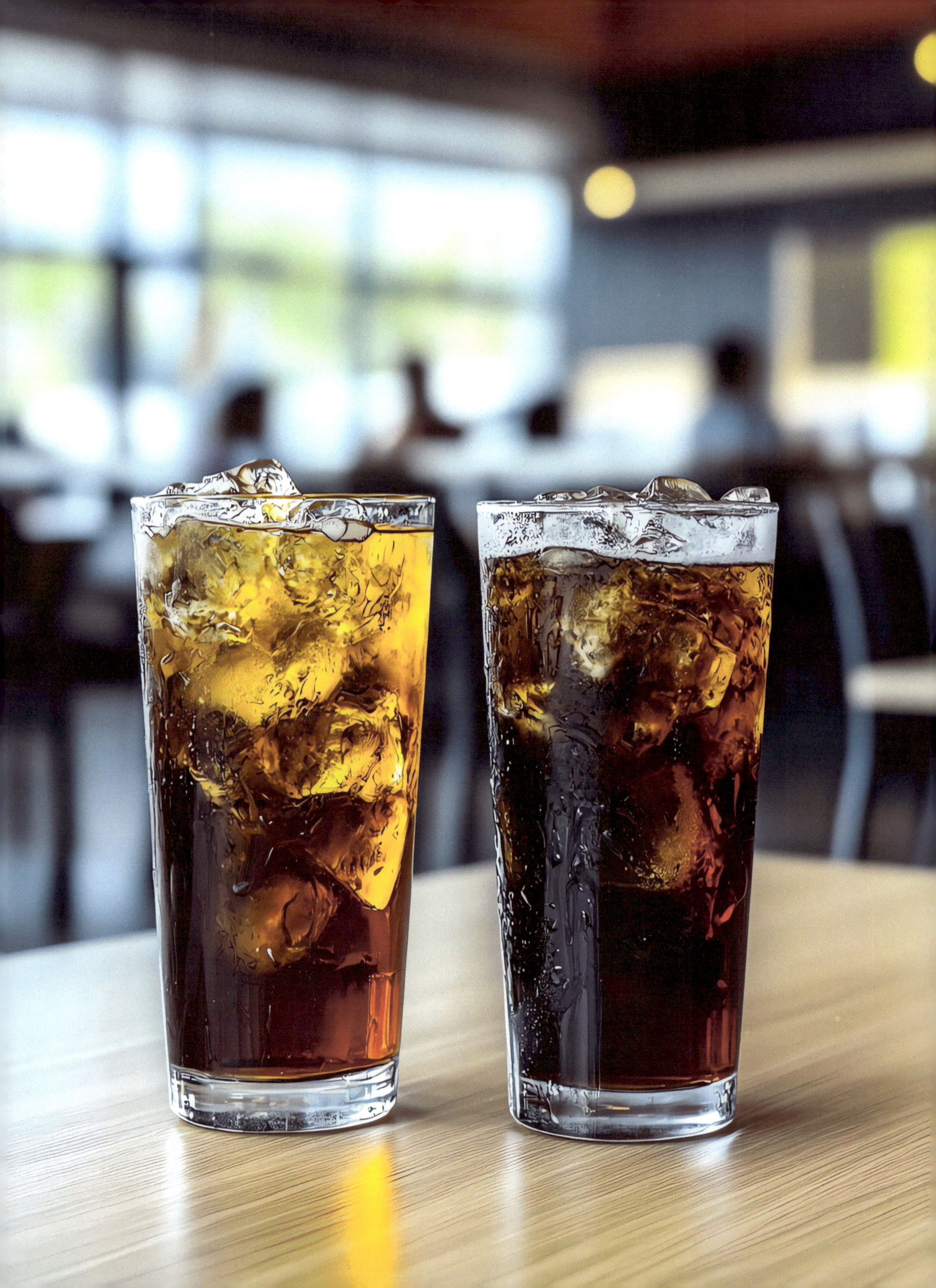

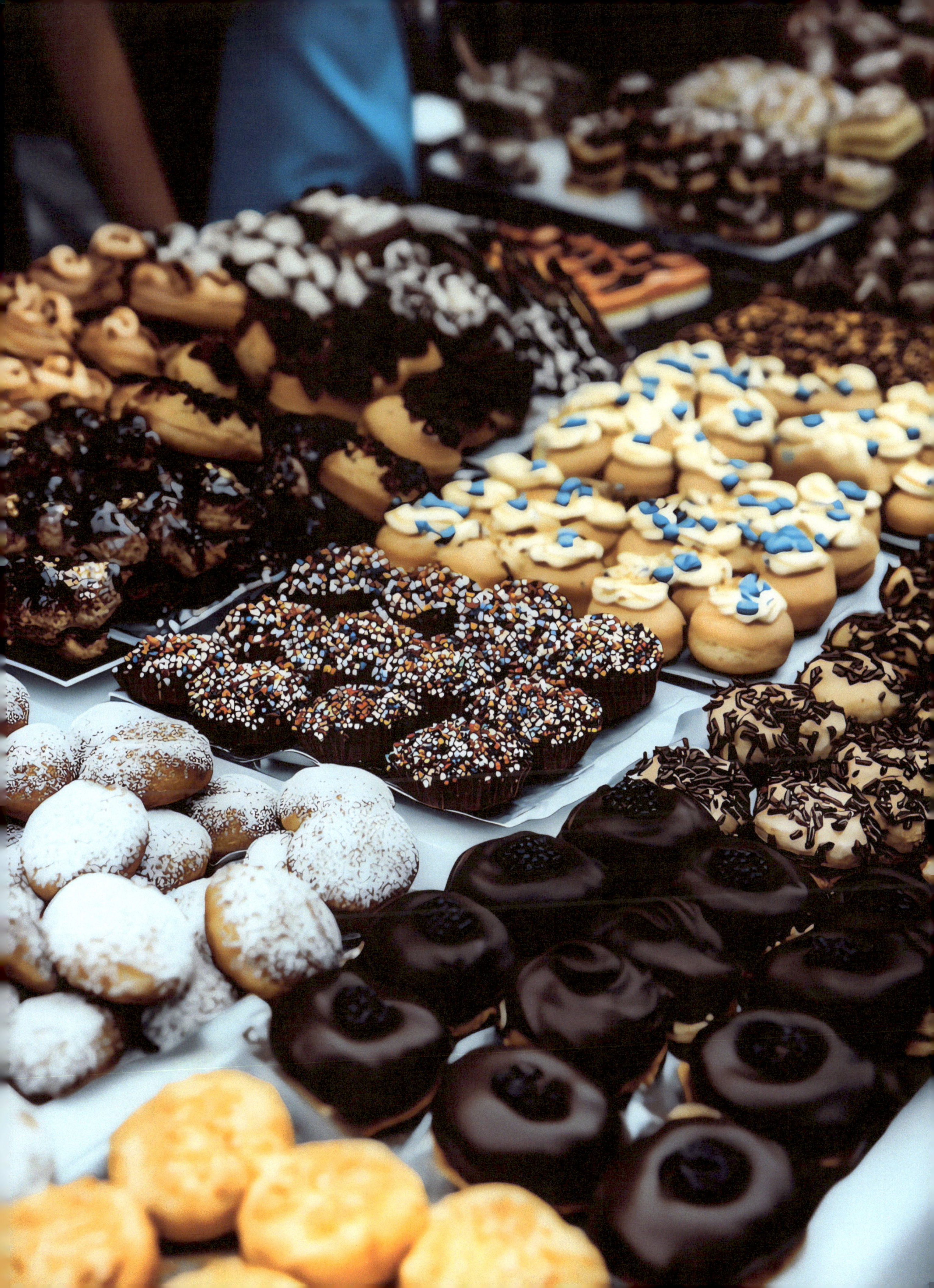

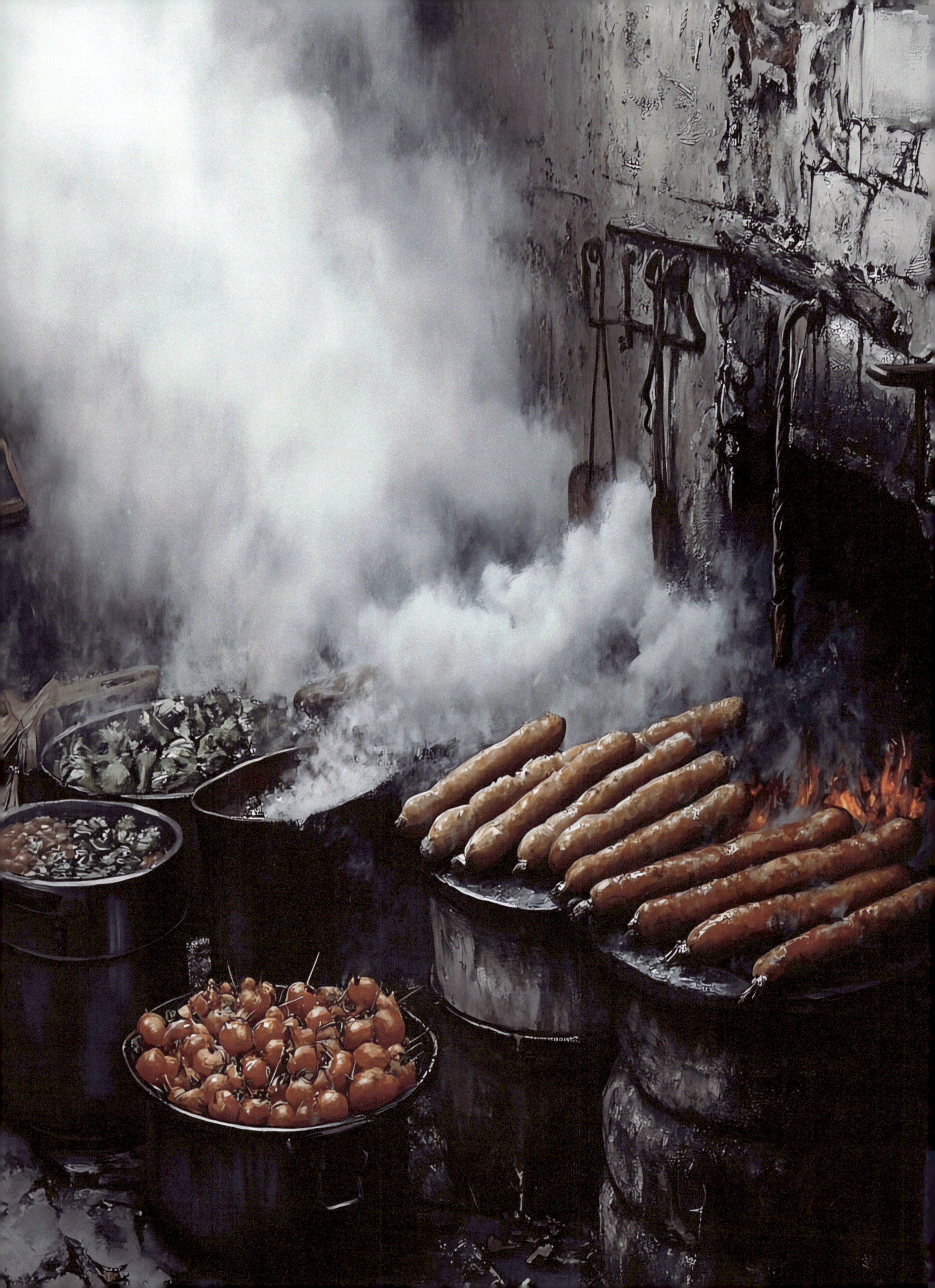

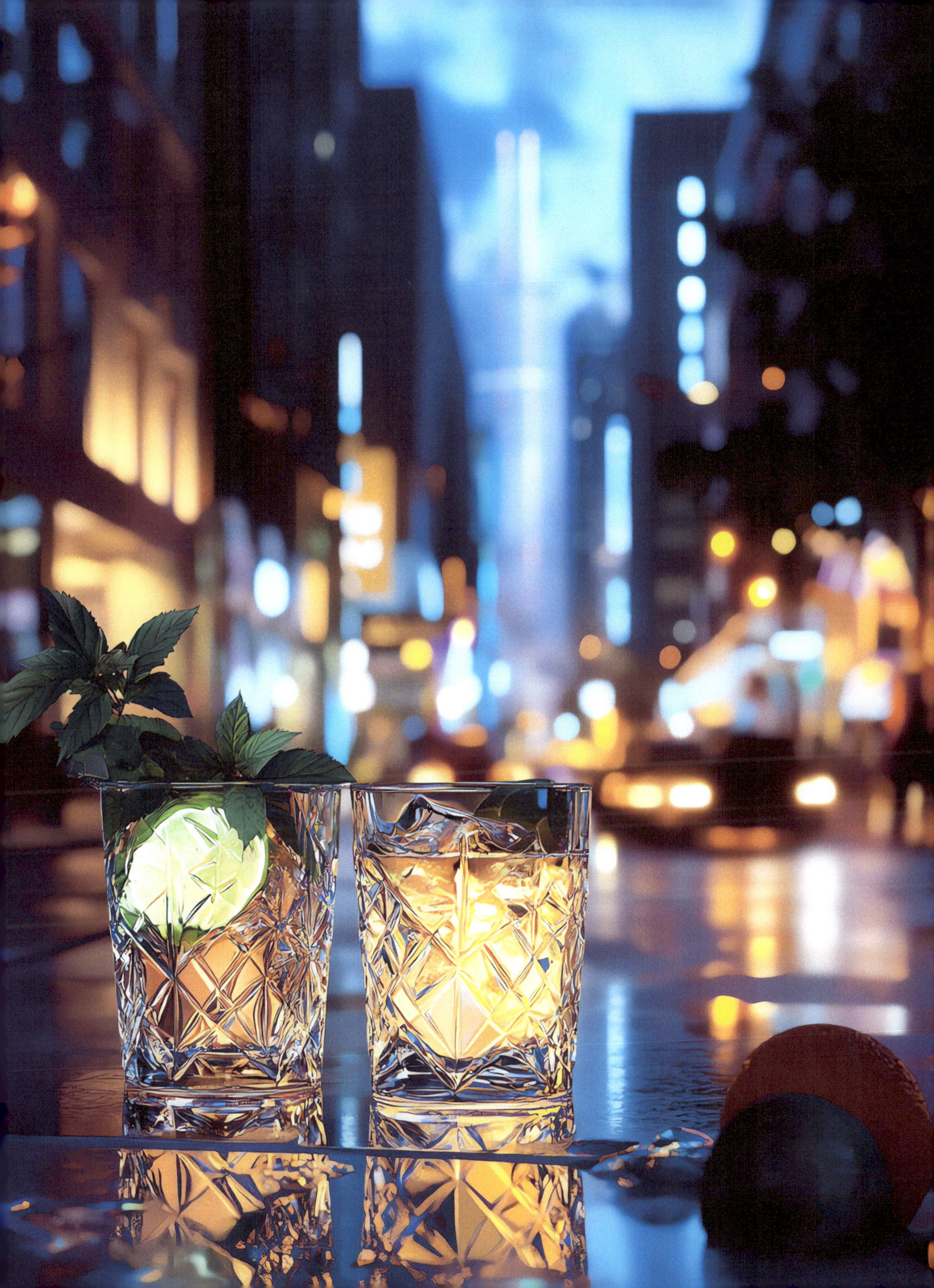

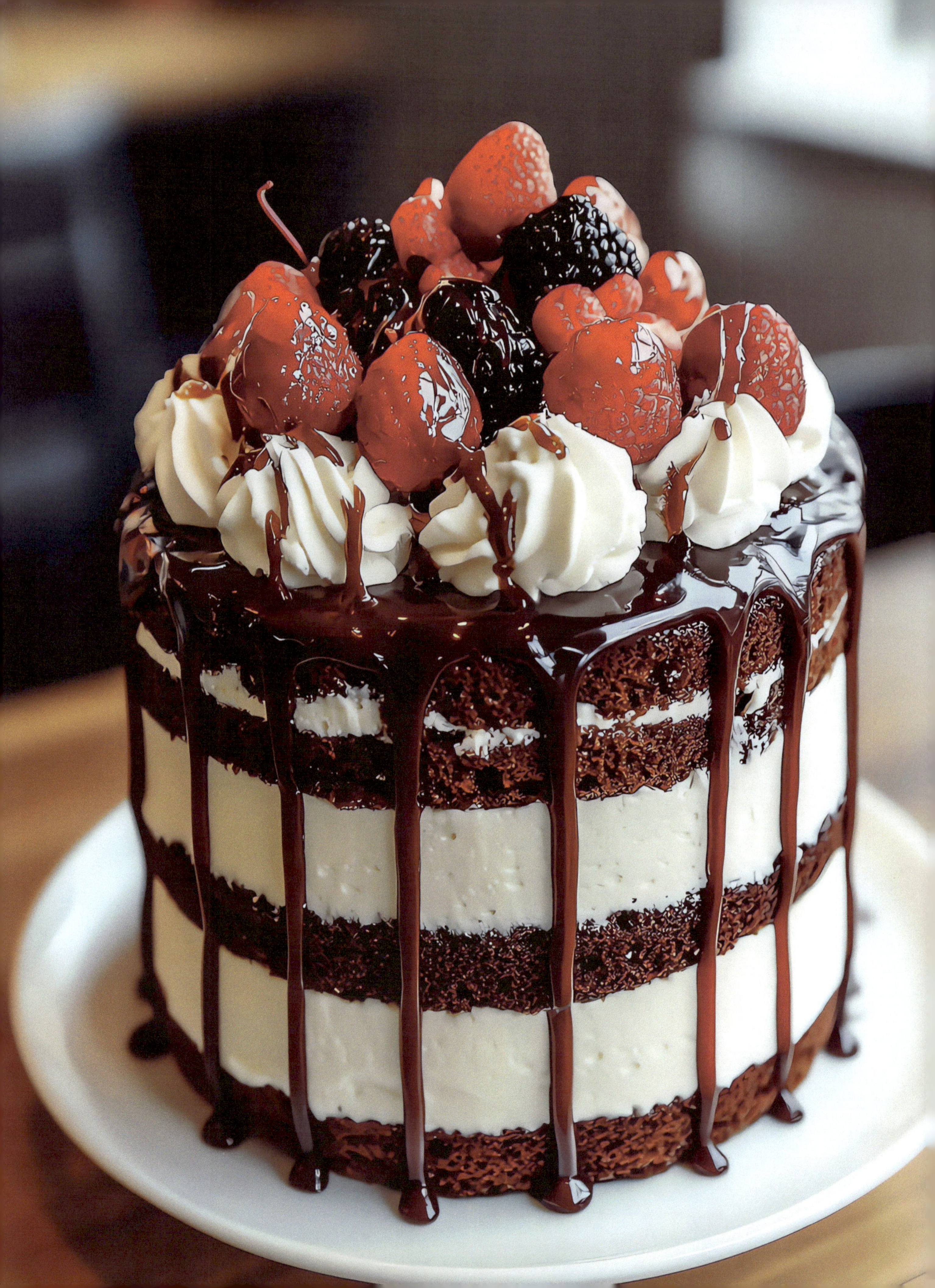

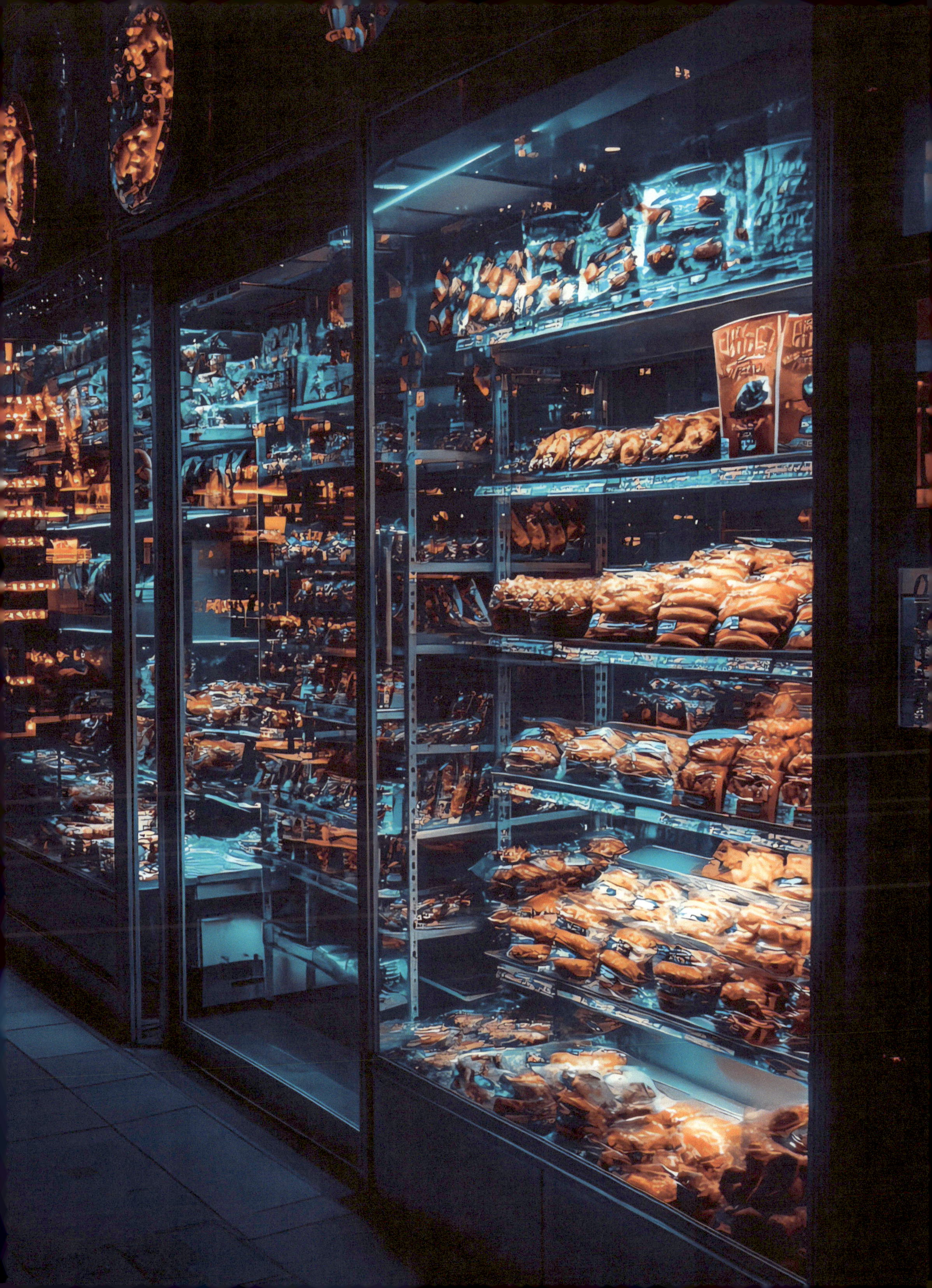

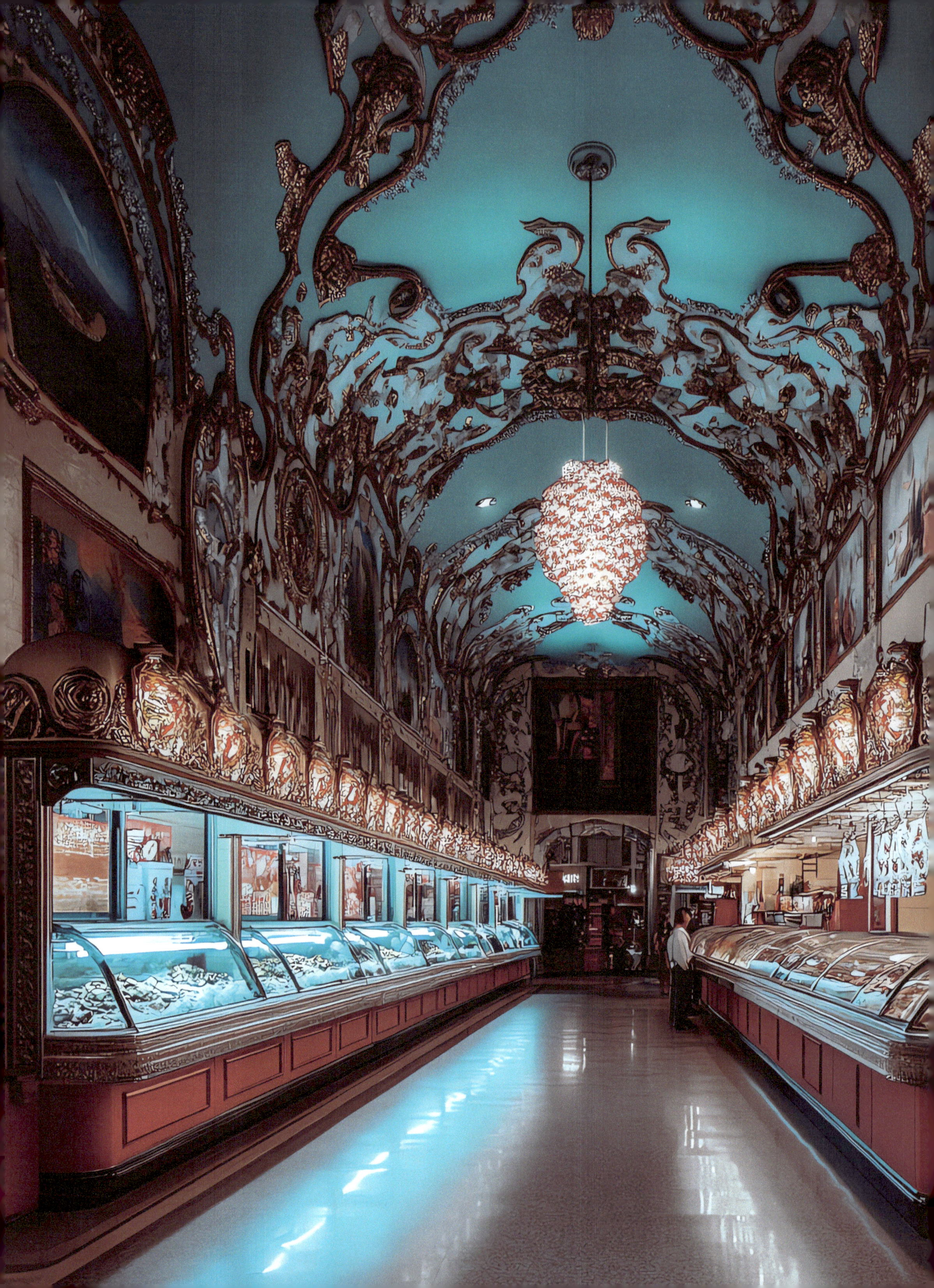

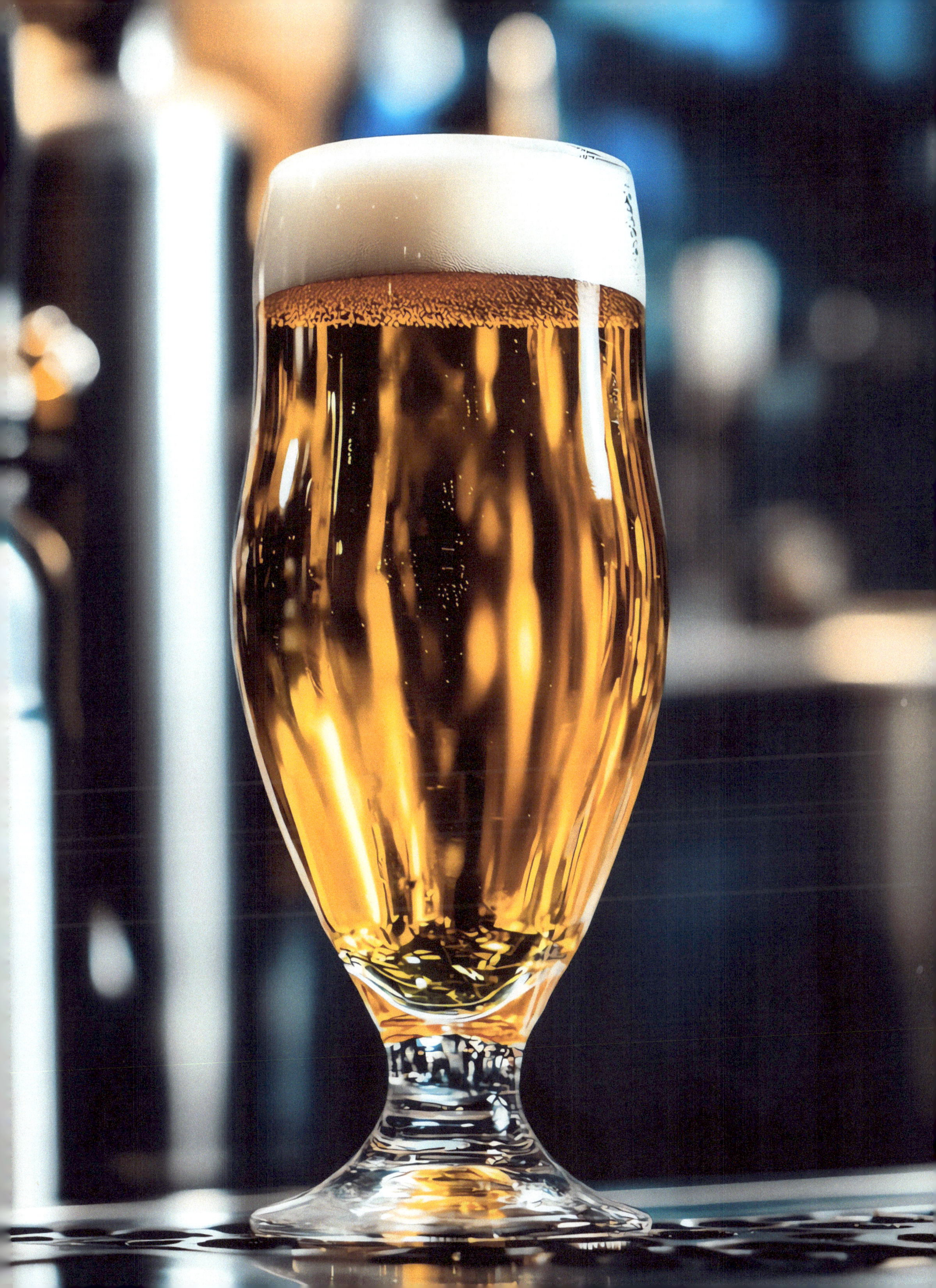

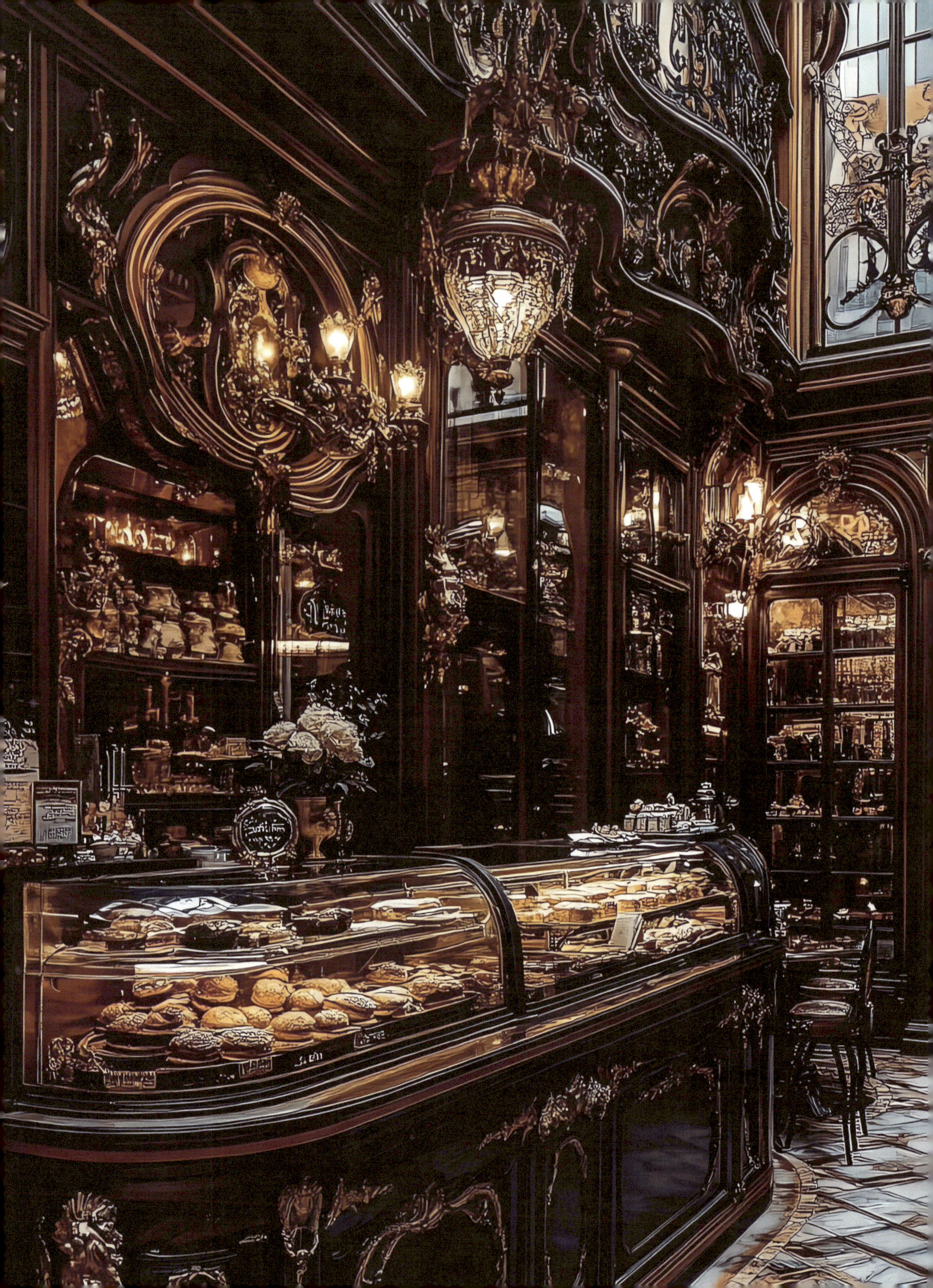